JN076427

弱さの情報公開ーつなぐー

©Maki Ezure

まえがき──「弱さの情報公開」の源流

向谷地生良

私が最初に「弱さの可能性」に目覚めるきっかけになったのは、中学一年生の時に遭遇した出来事であった。当時の私は、何かにつけて担任から生徒指導室に呼び出されて、注意され、〝指導〟を受ける生徒だった。ある時、教室の掃除が終わり担任の点検が終わる前に、購買部にパンを買いに走ったことを叱責され、生徒の前で殴られた。一緒に買いにいったＮ君は一発、私は二発であった。後日、Ｎ君が学級会の場で、それを担任に問いただすという場面があった。先生の回答は「向谷地は、生意気だから」だった。

極めつけは、学級会が終わった後、私のクラス委員長としての進行のまずさを担任から指摘されたことだった。後ろの席だった私は、担任から前に来るように言われ、みんなに謝ろうと黒板を背に生徒の方を向いた瞬間、襟首をつかまれ、顔面を数発殴られ──私の身体感覚では十数発──、〝みぞおち〟にパンチをくらい、前かがみになった私の首筋に、両手でつくった握りこぶしがハンマーのように打ち下ろされた。一瞬、私は何事が起きたのかわからず、ひとり呆然と立ち尽くしていた。

それまでの自由だった子供の世界と決別し、丸坊主にされ、学生服を着せられ、学年ごとに色を統制されたリュックを背負いながら通う中学校は、今にして思えば「入隊」であった。子供は将来の「安定した生活」と「国の発展に貢献する人材」というパイの争奪戦に駆り立てる「受験戦争」に放り込まれ、大人は「企業戦士」として、さらにその先を戦っていた。きっと、その現状への見えざる抵抗が、教師のいらだちを招いたのかもしれない。そして、私はその町を去り転校をした。

そんな私が、中学二年生のときに母親と一緒に十和田市内にある教会に通うようになり聖書と出会う。私にとって、聖書とは「弱さの書」との出会いであった。人の織り成すさまざまな「弱さの諸相」と私たちが生きるこの世界の不条理と〝にもかかわらず約束された希望〟が記されていた。「ヨブ記」では、善良な民であったヨブに襲い掛かる苦難の中で「なにゆえ、わたしは胎から出て、死ななかったのか。腹から出たとき息が絶えなかったのか」と神に問い、パウロの「私には、自分のしていることが分かりません。私は自分がしたいと思うことをしているのではなく、自分が憎むことを行っているからです。…私は、ほんとうにみじめな人間です」（ローマ人への手紙）という言葉が、こころに刺さった。

その中で、パウロは、「神の力は弱いところに完全にあらわれる」ことを見出し「むしろ、喜んで自分の弱さを誇ろう」「わたしが弱い時にこそ、わたしは強いからである」という境地にたどり着いた。そこで私が学んだのは「弱さの可能性」である。

「弱さの情報公開」とは、けっして周囲に同情や関心を買うために行われるのではない。まさしく「希望の情報公開」なのである。この本では、縁があったさまざまな領域の方々が「弱さの情報公開」をキーワードにして、語り合い、発信した言葉が綴られている。このことを通じて、多くの皆さんが「弱さの可能性」に関心を寄せ、「弱さ」を中心に、誰もが「生きる苦労の主人公―自分の当事者」となって、共に学び、考え、つながりあう場づくりに用いていただければ幸いである。

目次

一部　弱さの情報公開

一章　弱さの情報公開

第一五回べてるの当事者研究、Ｗｅｂセミナーより

向谷地**生良**
北海道医療大学名誉教授、社会福祉法人浦河べてるの家理事長
吉田知那美
女子カーリングチームロコソラーレ所属選手
内田梓
スクールソーシャルワーカー
べてるの家の人々
早坂潔・チャーミー・佐藤太一・山根・鈴木舞・木林美枝子

上段左：べてるの家向谷地生良・早坂潔　上段右：内田梓　下段：吉田知那美

はじめに

北京オリンピックの女子カーリング競技で日本が銀メダルを取ったあと、ロコ・ソラーレの皆さんがいろいろインタビューに答えられている中で、度々出てきたキーワードが「弱さの情報公開」でした。Yahoo!ニュースや、呼ばれたバラエティー番組でも、「弱さの情報公開」、「当事者研究」が、エピソードの中に出ています。

この「弱さの情報公開」に繋がるさまざまなキーワードが、ニュースの中で取り上げられるので、非常に私達も新鮮な気持ちでそれを見ていました。でもその裏には、チームの皆さんのさまざまな人との出会いや、葛藤があり、そこから生まれたキーワードだということで、ぜひこの対談で詳しく知っていただければ、と思います。

向谷地　女子カーリングチーム、ロコ・ソラーレの吉田知那美（ちなみ）さんを、今回ゲストにお呼びすることができました。吉田さん本当にありがとうございます。（以下知那美）

知那美　こちらこそ、ありがとうございます。よろしくお願いします。

向谷地　私達と吉田さんを繋いでくれました、北見市にお住まいの内田梓さんが、一緒に参加していただいております。今日はどうもありがとうございます。

内田　よろしくお願いします。楽しみにしてました。

向谷地　内田さんのお話では、たまたま吉田知那美さんはシーズンオフということで、シーズンオフということは「時間がある」とか「余裕がある」ということじゃなくて「今はカーリングはしていない」と意味でのシーズンオフで、まさに「オフ」じゃないんですよね。本当にお忙しい中、こうして、時間を割いてくださって本当にありがとうございます。

知那美　こちらこそ、楽しみにしてました。

向谷地　今日は「東京からwEB参加」ということで、本当に、いろいろとスケジュールもある中で、ありがとうございます。この当事者研究のwEBセミナーの始まりは、今までの「全国を講演やセミナーなどで飛び回り、そこで出会った人たちが浦河のべてるの家に来てくれる」ということで事業が成り立っていた部分がコロナ禍ですっかり止まり、ああ、どうしようかということで始まりました。改めて、私達の経験・苦労、私達の生き方、暮らし方の一つの工夫として生まれてきた「当事者研究」、それをもう一度私達がとらえ直そうと当事者研究のwEBセミナーが始まったわけです。今日は吉田知那美さんをお招きすることができて本当にありがとうございます。早坂潔さんを紹介いたします。

早坂　はい。おはようございます。

知那美・内田　おはようございます。

早坂　僕は、社会福祉法人浦河べてるの副理事長をしている早坂潔です。自己病名は精神バラバラ状態、パチンコ好きです。よろしくお願いします。知那美ちゃんが大好きです。

知那美　ははは、ありがとうございます。

向谷地　私達は北京オリンピックめがけて国内での吉田知那美さんたちの試合を本当にドキドキしながら観ました。きっとその試合の裏には皆さんにいろんなことがあるんだろうなと思いをはせながら、見させていただきました。そんな舞台裏も、今日もしかしたらお話いただけるかもしれないと思います。

私は何よりも感激したのは、銀メダルを取ったときに、Yahoo!ニュースに、「弱さの情報公開」ということが「これはなんだ?」みたいな感じでパッと出てきたことです。そのあとかなり「弱さの情報公開」というキーワードを、いろんなところで聞くようになりました。

バラエティー番組でも「弱さの情報公開」という言葉が出てたっていう話ですね。そんなことで、前半にまずはゲストのお二人(吉田知那美さん・内田梓さん)を中心にワイワイとやっていきます。そのあとべてるのメンバーさんたちも加わって、またワイワイやっていきたいと思います。じゃあ今日はよろしくお願いします。

知那美　お願いします。

吉田知那美選手とべてるの家との出会い

内田　私と、知那美とべてるの家との繋がりがよくわからない人もいるかもしれないので紹介させていただきます。

向谷地　そうですね。

内田　はい、私と知那美の故郷が常呂町(常呂郡から二〇〇六年に北見市と合併して現在は北見市常呂町)

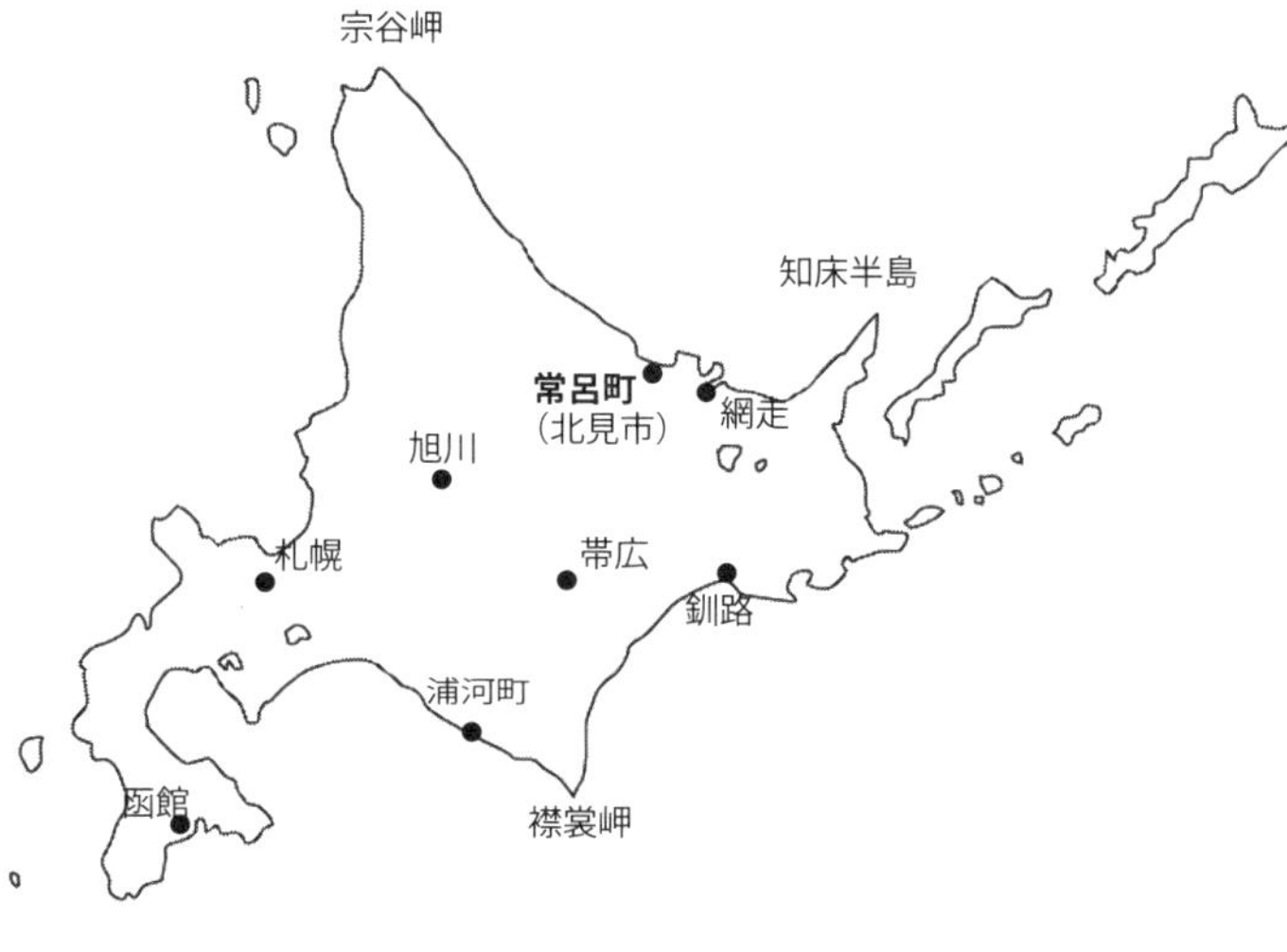

で一緒です。道東のオホーツク海沿岸ですね。カーリングとホタテで有名です。「カーリングの（町）だよ」と言ったら大体みんながわかってくれる常呂町になりましたけど。本当に小さい町で生まれ育っています。お父さん同士が同級生ではないんだけど親友で、それで本当に小さいときから、知那美が赤ちゃんのときから、まあ私もその時は子供なんですけど。顔見知りで、本当にずっと家族ぐるみのようなお付き合いをさせてもらっています。べてるの家の向谷地さんは北海道医療大の先生もしておられ、私は学生の時に向谷地先生のゼミに入ってたんです。それで、べてるの家のポストカードをたぶんお土産のような感じで、知那美の家に置いていったんです。そのころ知那美はカーリングでちょっとつまずいて壁にぶち当たっていたようです。でもポストカード、私は知那美に送ったわけじゃないんだよね。

知那美　そう。実家にあずちゃん（内田さん）がプレゼントしてくれた安心して絶望できる人生」というポストカードが貼ってあって「なんだこれは」と。

内田　それは、吉田家が、いろいろと苦労があった時期で、私の家でもいろいろと苦労があって、そういうのをシェアし合うような関係であったんです。たぶん私、知那美のお父さんに、べてる祭りで買ったポストカードの一枚をあげたんだと思う。それを知那美が気に入り自分の部屋に持ち帰ったんだって。

知那美　そう、居間にあるやつを勝手に取って、「こんな考え方あるんだ」と思って。「大事にしよう」と思って盗んだ。

向谷地　ははは……

安心して絶望できる人生

©すずきゆうこ

スポーツと弱さの情報公開

内田　そこから浦河（べてるの家）との繋がりもできて。あれ向谷地さん、何年前ですかね。知那美と一緒に、べてる祭りで…あれはオリンピックのあとでしたよね。

向谷地　二〇一八年だと思う。

知那美・内田　うんうん。

内田　そうですね、べてる祭りも参加させてもらいながら。『安心して絶望できる人生』の第二版（一麦出版社）も出たときも、スポーツ界と弱さとかスポーツ界と浦河の文化とは何か、かけ離れてるような気が勝手にしていた。

向谷地　そうですね。

内田　勝手に私はそう思っていたんだけど。それがそうじゃないと

『新・安心して絶望できる人生 「当事者研究」という世界』
向谷地生良，浦河べてるの家 （著）
（ 一麦出版社2018年）

いう。今回のオリンピックでも、本当に「弱さの情報公開」という言葉が、オリンピックスポーツ界に出るっていう。なんかすごい新しいところを見たような気が私はしました。

向谷地　スポーツというと、今までは根性だったからね。

知那美　そうですよ。

向谷地　根性ドラマで語られていたスポーツが、「弱さの情報公開」なんて似合わない。

内田　そうそう。なんか「根性と努力と精神力」のようなことがスポーツ界はすごく強いし、そういう文化が根強い中で、「弱さ」だから。スポーツは「強さを追求する」「結果を追求する」ところで、「弱さ」にテーマを持ってきてるロコ・ソラーレに、私もすごく興味があり、勉強になる。知那美が日本にも帰らないでずっと練習してたから今まで会えていなかったので、オリンピックの時など本当にチームの中でもいろんなことがあったと思うし、その話なども今聞かせてもらえたらなと思っています。

向谷地　そうですね。はい。

知那美　今あずちゃんが言ってくれたように、私達ロコ・ソラーレは、オリンピック選手として、このチームで二回のオリンピックを戦った。オリンピックとなると、オリンピックが掲げているスローガンというのが「より強く、より高く、より早く」。より強さを求め、より速さを求め、より高さを求めるのは、まあずっと、私の頭の片隅に

2018年平昌（ピョンチャン）オリンピック
銅メダルを掲げ笑顔のカーリング女子日本代表。（左から）藤沢 五月、吉田 知那美、鈴木 夕湖、吉田夕 梨花、本橋 麻里（ 共同通信社）

はあったんです。今回、私がオリンピックを終わったあとに感じたのは、私達のチームは、どのアスリートよりも「より弱く、よりかっこ悪く、よりダサかった」など。そういうのを、すごく感じていて。

私は本当に、前のオリンピック（平昌）から四年間、北京オリンピックに出るまで、べてるを通して「弱さの情報公開」を知って、チームとして、ロコ・ソラーレのメンバーとして、「何をいちばんに強化したいか」とか「何を自分でいちばん成長したいか」となったときに、成長させたかったのは「弱さ」、磨きたかったのは「弱さ」というか。他のチームを見て「強さで繋がってるチームっていうのは、すごくもろいな」と感じたのです。いいときっていうのは、黙っててもいいから一緒に居れる。一緒に頑張ろうってなる。

だけど、チームとしての本当の真価を問われるときは、チームが弱いとき、うまくいってないとき。

何て言うんだろう、チームの本当の意味の強さ、つまり繋がりの強さ、信頼・安心感っていうのは「チームが弱いときにどう過ごすのか、どう支え合うのか」なのだと、この四年間競技をしてて思っていた。私自身はそれをべてるから教えてもらった。実際に今回あったエピソードなんかをちょっと話せたらなっていうのを思っていて。

向谷地　是非聞きたいです。

強くなきゃいけないと格好を付けていた

知那美　私達は、二〇二二年の二月にあった北京オリンピックに出場する前の二〇二一年の一二月に、世界最終予選っていうのをオランダで戦って。そのオランダの戦いの前の九月に、日本代表決定戦っていうのがありました。

向谷地　やりましたね！

知那美　そうなんです。同じチームと五回戦って、三回勝った方が日本代表になるルール。オリンピックに出場するチームを決定する試合なので、私達はそれに向けて本当に長い間準備をしてきました。自信もあって「やることはやった」って。そんな気持ちで挑んだ日本代表決定戦だったんですけど。なんと、最初二連敗してしまって。

向谷地　あれは…ちょっとドキドキしました。

知那美　次負けたら、「オリンピック出場終わり」という。今まで一生懸命準備してきた三年半が終わるかもしれない。本当に崖っぷちに立つことになった。次負けたら終わりという戦いの前に準備時間が二時間ぐらいあり、そのうちの一時間ぐらい、みんなでチームミーティングをしたんです。試合に関してはショット率もいいし、作戦のレパートリーもたくさん持ってるから、作戦が間違ってるわけでもないし。やることはやってるのに負けている？何でなんだろうと話をしたんだよね。

内田　うんうん。

知那美　そのときに、私達がこの前の平昌オリンピックから、この北京オリンピックまでの四年間で感じていた違和感や、誤作動みたいな感じは「私達は強くなきゃいけない」で「ずっと私達って、かっこつけていなかった？」「かっこいいカーリングしたい」とか、「強いアスリートでいたい」とか「やっぱり、どんなことがあっても強い精神力で、という感じになっていなかった」とチームメイトのゆうみ（鈴木夕湖）が口を開いてくれて。「ねえ、うちらって、かっこつけていなかった」って。そのときに、さっちゃん（藤澤五月）はもう大泣きして、そこで私は、こう…何て言うんだろ。うーん、なんかこう、「もう、かっこいいカーリングじゃなくても良くない」と。

内田　諦め…がある感じだよね。良い諦め。うんうん。

知那美　もうやっぱり私達って、他のアスリートの方々よりも、こう喜怒哀楽の表現が大きくて。

アスリートとなると、なんだろうな、良いときも悪いときも表情や態度を変えず戦い抜くものだと。だから私たちが、怒ったりとか、悲しんだりとか、「イェーイ」と楽しんだりすることが、未熟さの表れのような捉え方をされてたんだけど。元々ロコ・ソラーレって、カーリングを楽しみたくて集まってきたメンバーだし、勝つこと以上にそれまでの過程や、チームが大好きだ、カーリングが好きっていう気持ちで始まってるチームだから、それなら（未熟さの表れ）それでいいんじゃないという話をして。もう一つ、私達がこう二年ぐらい前に掲げたスローガンで「best is yet to come」いうスローガンがあって。まあ和訳すると、「まだまだこんなもんじゃない」というのがあった。

内田　まだまだ、ベストは来ない。

知那美　そう、まだまだ、ベストは来てないって。そのスローガンはすごくお気に入りだったんだけれども、今考えると、「私達はまだまだこんなもんじゃない」「まだまだ成長できる」「まだまだ強くなれる」って、言い続けすぎて、今の自分たちをすごく否定していたっていう。

「こんなこともできるようになった」今は、昔できなかったこんな技も習得したし、簡単そうに見えるその一投を決めるためにもたくさん練習して、何年前かまではできなかったことが今はできるようになってるのに、それに目を向けないで、もう「いや、まだまだこんなもんじゃない」「まだまだできる」「まだまだ強くなれる」って。できるようになったことがたくさんあるし、習得したこともたくさんあり、ちゃんと成長もしていたのに。その自分たちの成長に、全く目を向けてなかった。

内田　その「まだできる」って。希望的な思考になっていないのかもしれない。

知那美　「まだまだ」ってね。

内田　私も最近よく思うけど。結局今の積み重ねの中で生まれてくることなんだけど、そういう思考に走りすぎてるときって、「今あるもの」を実感しにくくなっちゃう。「今あるもの」っていうのはたくさんあるのに。なんか、そこに目が向かなくなることって、本当にあるよ。高い希望志向の、ちょっと怖さみたいなのって。

知那美　そう。今を認めてから、そういうふうにすると良かったのかなと思うんだけど。その時に、「まだまだこんなもんじゃない」っていう気持ちもあるけれども、でも、今までもよく頑張ってきたし、今の私達も素晴らしいって。

内田　なんか「自尊心」を認めるみたいな感じもするよね。

向谷地　カーリングなんか特にそうですけど。メンタルな状態と試合の結果ってものすごく繋がるデリケートなスポーツだと思うんですけど、「まだまだこんなもんじゃない」とか「できるんだ、できるんだ」というイメージトレーニング。こういうのは、スポーツの中では基本的な方向としてありますよね。

知那美　多分、それは基本の考え方の一つなのかな、スポーツ界では。

向谷地　そこを目指すんですよね。それが常識っていうか。

知那美　「まだまだこんなもんじゃない」っていう気持ちを持たなければいけないというのは、それはスポーツ界であれば自然なのかなと思う。まあスポーツ界じゃなくても、「まだ成長したい」っていう向上心の表れ、「まだまだこんなもんじゃない」というのはそんな言葉なのかな、と思うんですけど。

そのスローガンが原因っていうわけではないんですけど、この何年間か私達は「まだまだ、まだまだ、もっといける」っていう気持ちから、どんどんどんどん今の自分たちを認めなくなってきたんで、その大会中も、負けた二試合も、たくさんいいショットはあったし、たくさんナイスショットもいい展開もあったのに、自分たちで自分たちを全然褒めていなかった。なので、そのミーティングのあとにみんなで、こう「もっと自分たちで自分たちを褒めよう」って、簡単なショットも、基本になるようなプレーも、それを簡単にできるようになるまで私達はたくさん練習してきたし、チームでいっぱい話し合ってきたし、自分たちで自分たちのハードルをすごく高くしてきたけど、「もっと自分たちで自分たちを褒めてもいいんじゃないかな?」という話をそこでして。もしかすると、それは何て言うんだろう「自分たちのハードルをより下げてるでしょ」とか、「自分たちに満足してるんじゃない?」とか、「自分たちで自分たちを褒めるの?」みたいな、スポーツ界の中だと少し違和感はあるのかなと思うけど。私達はそこで、より弱く、よりハードルを低くいこうって。

内田　海外のチームの選手たちは、日本の向上心とは違う、もっと「褒めたり」「認めたり」みたいなリカバーする力を海外は重視するような気もするけど、やっぱりスポーツ界だとそうでもないの?

一生懸命やったから自分を誇りに思う

知那美　私もそれは思ってた。例えば日本では「同じ銀メダルを取った」とか「同じ銅メダルを取った」っていうと、こう「悔しい」が先に来ちゃうし、負けて悲しくて涙が出てきたり、あと「もっとできた」とか。たまに「負けてすいません」とか謝るアスリートもいたりするけど。でも海外のカーリングチーム、仲の良いカーリングチームでは、そういう姿は一回も見たことない。「本当にチームを誇りに思う」「自分を誇りに思う」っていう。どのメダルの色でも、どんな大会でも思ったような結果にはならなかったけど、今まで自分たちチームでやってきたことや、自分たちが一生懸命やってきたから「すごく誇りに思う」っていう言葉を、ナチュラルに発する。

内田　そうだよね。

知那美　だからこう、ね?なんだろう…そういう部分でも、あっ自分たちのやってきたこととか、時間とか、自分自身とかを「人の目を気にせず、もっと認めていいんだなあ」っていうのは、それはすごく思って。

喜怒哀楽を出すことは幼稚

内田　知那美がさっき話してたけど、「喜怒哀楽を出すことが未熟さに繋がる」っていうのが、「ああ、そういう世界なんだ」と思って。

知那美　うん。あとは幼稚さ。

内田　あっ幼稚になるのね。
知那美　そういうね。
内田　ああそうか。喜怒哀楽こそ大事にしてる職業としては、すごく新鮮だし驚きがある。
向谷地　喜怒哀楽が出るってことは「自分をコントロールできてない人」と見られるのかもしれないね。
内田　ああ〜。
知那美　あ〜うん。
内田　そういうことかあ。
知那美　うん、そうかな。
内田　平常心がないっていうか。
知那美　確かに自分をコントロールしてっていうね、自己管理なのかなと思う。だからちょっと、私達のロコ・ソラーレっていうチームが、このオリンピックという舞台でも、カーリング界でも、少し「異質な存在」じゃないけれども、変わった？変わった人たち。
内田　マイノリティ。
知那美　（笑）
向谷地　いや本当、テレビ画面から見るだけでもね、空気が変わってますよ。伝わってくる空気が違うよね。
知那美　ちょうど二連敗したあとのミーティングのあとの試合では無事勝つことができたんです。次の日に二試合持ち越しになったんです。そこから私たちが朝ホテルから出発して会場までのあいだにすることがあったんです。それは「今の自分の気持ちをどうですか」というのを、チームで、朝車の中で発表するんです。

内田　え〜

知那美　朝の会。

内田　べてるの…気分体調みたいなのだね。

知那美　そうそう。車内で、「みんなおはよう」と言って、「今の気持ちどんな感じ」と。そういう話をして、その時本当にもうかっこつけるのを止めているから。さっちゃんは、「緊張してます」「あんまり寝れなかったです」って。それをシェア。その時ゆり（吉田 夕梨花）も「私もちょっと緊張してる、だからこの緊張をちょっと誰かにもシェアしたいです」と。私は、どちらかというともう緊張はなくなってて。「ちょっと吹っ切れてます」みたいな。「でもあんまり寝られなかったです」とか。そのときの、みんなの、本当の気持ちを、それがうーん何だろう。たとえ「緊張してる」とか「不安だ」とか、「こんなことが心配だ」とか。そういうことでいいから、シェアしようって。公開して、うーん、こうみんなで共有しようと。そういうことをしました。

弱さで繋がる

内田　いや本当に…気分体調ですよね、向谷地さん。

向谷地　そう。基本中の基本ですね。

内田　基本中の基本（笑）。私のお母さんに聞いた話で、会社でも気分体調言うようになるだけで、そのぐっと空気が変わるって、企業でもね。気分体調をちゃんと朝からシェアするって本当に大事なことなんだなと思っていたんだけど。

知那美　そのときから多分シェアすることをやった。
内田　今も続けているの?
知那美　いま確かに言われてみたら、やってないかもしれない。気分体調シェアすること、べてるだったらこう…あたり前というか。その時チームでそれをやったことによって、「その人がどういう状況なのか」というのを知っておくと、何かあったときに、サポートしやすいし、私達のテーマの一つに「support each other」という、「お互いに助け合う」というチームのスローガンもあるんだけれども。私思ったのは、やっぱり助けを必要としてない人は助けられないし、助けを求められてなければ、助けることってなかなかできない。だから、最初に「こういうふうに困ってる」とか「心配事がある」とか。こういうことを助けてほしい、それをちゃんと伝えておく。頼ることをちゃんと共有しておくことは、本当に大事なこと。戦う上での事前準備として、チームの事前準備として、すごい大事なんだなということを思いました。
　そのときにみんなの「緊張具合のバロメーター」だったり、心配・不安?·そわそわ感っていうのがわかったら、「じゃあちょっと緊張ほしいから緊張をもらうわ」と言って、ちょっとハグしたり。
内田　すごい
知那美　もうちょっとこう触ってね、慣らすじゃないけど。
内田　うんうん。へえ〜。すごい研究的じゃないですか?·向谷地さん、今の話。
向谷地　気持ちと、ボディーアクションが繋がってるよね。
内田　そうそう。しかも仲間とも繋がって、自分自身のこともっていうのが、当事者研究的だなと思って。
知那美　へぇ〜。

内田　すごいびっくり。面白い。

向谷地　本当にね、自分の中に溜まった緊張をね、一時その人にあずけたりとかね「じゃあそれあずかるよ」みたいな。これ実際、緊張が移動してるかもしれないね本当にね。

内田　面白い。

知那美　こういうのは裏側の話だから、試合直後ではインタビューなどでは言ってなかったんだけれども。こう二連敗のあとの、三連勝のあとに実際に私達がやってたこと、変えたこと、それは、こう自分の中でしまっておくんじゃなくて、みんなで「感情も、弱いところも、全部共有する、公開して共有して、なんなら分け合っちゃう」みたいなことをやった。それを通して、やっぱり強い部分じゃなく、弱いところを、いかに上手に繋げられて、まあ共有できて、そしてまあファーストステップとして、うまく公開できるか。私は本当の意味で、これはより強いチームを作るときにいちばん大事なことなんじゃないかなっていうのは、今思ってる事です。

ホタテ現象

知那美　そんなことを思ってるのに起こったのが次の失敗例。それは私が北京オリンピックのときにやらかしたんですけど。私、オリンピックの後半の時に、コミュニケーションを、チームとコミュニケーションがうまく取れなくなっちゃった。私のショットが決まらなかったり。私の失敗のせいでチームの失点が重なったりとか、そういうことが試合であって。どんどんどんどんパフォーマンスは落ちていって、もう気持ち的には不安だし、もう自信もなくなって。こう…なんていうんだろう、オリンピックの舞台だし、もう次勝たなきゃいけないし、試合はまだ続くし、みんなも大変だし、監督も監督の仕事があるし、五人目のことみ（石崎琴美）ちゃんにも、ことみちゃんの仕事があって。こうチームのメンバーみんなも大変なんだから、「自分で何とかしなきゃ」と思って。

こう自分のパフォーマンスが良くないから、チームのムードもどんどん悪くなって。何かそれにも自分も気づいていたから「何か盛り上げなきゃ」って。でも、「もうどうしよう。自分が決まってないのに、あと頑張ろうなんて言えない」みたいな。「まず自分が決めろよ」ってなるよなとか。なんか、自信もなくなってて、不安事もあって、悲しい気持ちもあって、戦いがうまくできなかったり、それでいて、私は指摘を受けるとどんどん落ち込んでいって、それを隠したんだよね。

内田　ちゃんと隠せた、どうやって隠したの。

知那美　あのう物を言わない。口を開かないっていう。もう口を開いたら泣いちゃうから。

内田　無言になっていたということ。

知那美　そう。ホタテ…。

内田　ホタテ（笑）本当に、もう口開かなかったんだ。

知那美　そう。もう「駄目だ」って。「自分で何とかしなきゃ」と思ってたし。「感情を出すのがいい」とチームで言ってたはずなのに、こう…駄目だ、今感情的だから。今ここでチームのミーティングで口を出したとしても、強い言葉で言っちゃうし、何か人を傷つけたら嫌だって思って。こう…じっ～とホタテ。

内田　ホタテしてたんだ。

知那美　ホタテになってて。そしたら、何が起こったかって言うと。みんなが、私が「何に困ってるのか」「なぜ落ち込んでるのか」「なぜ黙っているのかがわからない」って。だから、「助けようがないじゃん」と。

　みんなに迷惑をかけたくないとかっていう気持ちでそうしてたことが、結局はチームのみんなに気を遣わせて、チームのみんなを困らせた。

内田　うん。

知那美　極限の舞台であったり、四年に一度の舞台で国を背負っていたとしても、やっぱり自分の弱さをちゃんとチームにシェアすること。もう困ってるんだったら、助けてほしいんだったら、助けてほしいって言うこと。それはもう弱さではないんだなって。チームとしてやっていく以上、必要不可欠なこと、いちばん怠っちゃいけないことなんだというのを北京オリンピックの失敗で、すごく反省して学んだことです。やっぱり、弱さの情報公開はつらいときこそ、落ちてるときこそしっかりしなきゃと思った。

　やっぱりこう極限の舞台であればあるほど、弱さを公開するのって難しいんだと思った。

内田　そうだよね。もういろんな人の目があるしね。いろんなイメージもつき始めるしね。その中で自分を立ち上がらせるっていうのってすごく大変なことだろうなと思って。今の知那美の話聞いててちょっと興味深いなと思うのが、弱さを情報公開するって…慣れってあるのかなって。

　なんていうんだろう。わかってんだけど、そうはできないときもやっぱりあって。だけど立ち止まって、元に戻るものとして、その弱さの情報公開っていうのが、私の中にはあるんだけど、だから全然できないときもあるし、まあそういうときって大体不機嫌だし調子が悪いし、人にも当たったりもするけど。「これ不安なんだ」「私が心配なんだ」みたいなことは、それこそ子育ての場面でもすごく多く「一人で頑張らなきゃいけない、母親として」みたいなときがあるときは余計にそうだし。これも習慣なのかな。そういうの繰り返しながら……。

向谷地 もうまさにね、弱さの情報公開は繰り返しだよね。

内田 そうですよね。そういう感じする。

向谷地 うん、波取りみたいなイメージだよね。

内田 そうだよね。常にずっとやってますっていうのって、ちょっとまた違う気がするんだよね。その人生と生活の中にあるような気が、聞いてて思います。

知那美 何か今の話を聞いて、またちょっとほっとした。私はそのオリンピックでのチームのスローガンでもある、「support each other」「皆で助け合う」とか「良いときも悪いときも、何かあるならシェアをする」と言い続けてたのに、そのオリンピックの後半に、いちばん大事なときに私がそれをできなくて。で、チームの雰囲気も下がっちゃうし、みんなに気を遣わせた。なんで、このために一生懸命四年間頑張ってきたのに、なんで自分はこんなところでこんなふうになったんだと思っていた。

内田 ままならない自分に出会ったんだね。

知那美 そう。でも、そのとき「自分で何とかしたかった」っていう、そのときの自分の気持ちも今も、やっぱり心のどこかにあるし、きっとこれからもその経験を経て、少しずつ波はありながらも、でももうちょっとうまくなりたいなっていうのはあります。その、弱さの情報を…

内田 そこは「yet to come」かもね。

知那美 そうそうそう。公開するコツとか、あります?

向谷地 私は、こう…「ちょっと、今弱さの情報公開が難しくなってます」という情報公開の仕方を。

内田　そうだ、そうだね。
知那美　弱さを隠すんじゃなく、あることはあるんですけれども、ちょっと今は……。
内田　口を噤むのは、「ホタテ現象」なわけでしょ。
知那美　そう、ホタテ現象。
内田　名前がついたなら、「ホタテ現象です」だけでもよさそう。
知那美　ああ、確かに。
向谷地　そこはどうやって復旧したんですか。そのスランプを。
内田　どうやって貝を開いたんですか。
知那美　うーんやっぱり氷の上では、自分で作ったルールであったりとか、絶対に何があってもチームを励まし続けるとか、声をかけるとか。まあ氷の上ではカーリング選手として、パフォーマンスする舞台だから、そこはしっかり役を果たそうっていうふうに、プレーをしていて。
　だから氷の上では大丈夫だったんだけど。やっぱり氷を上がった外の生活ではもう、話す気力もないし、口を何かこう、弱さがどんどんたまってきて、涙がポロポロポロ出てきて、「駄目だ」と思って、チームの人じゃない、母とか、周りの人に「今こう悲しい気持ちなんだ」「今つらい」っていう感情を打ち明ける。
内田　そうだね。そこでできなかったら、誰かできる人には言ってみる。
知那美　うん。そう。
内田　なるほど。
知那美　そういうのがあって。その時すごいなと思ったのは、チームの代表の本橋麻里ちゃんが、私が何も連絡

2022年北京オリンピックで。
（新華社／共同通信イメージズ）

してないのに、そのタイミングで「ちな～」って。「一人で頑張りすぎてない？」って。「チーム頼っていいんだからね」っていうのを、何にも言ってないのに、私が泣いてるタイミングでメッセージが来て。何かこう「見てるのかな？」ってくらいに。だから、麻里ちゃんには弱さを公開しなくても何か見えてたんだと思う。自分から言わずとも。そんなことがあって。だからオリンピック予選の九月のときは、弱さを出して受け止めてみんなで共有してうまくいった例。で、北京オリンピックのときは、私が弱さを公開できず、強がって失敗した例。

その一年の中で…弱さの情報公開っていう一つにとっても、本当にいろんなパターンを経験した。私はカーリング選手だから、カーリングをする以前の、事前準備として、こうチームをやっていく上で必要なこと、戦う前の準備かな。

内田　なるほど。

知那美　プレーする前の、準備なのかなというのはすごく思っている。

内田　技法以前みたいですね。

内田　向谷さんの本、『技法以前』があるけど。何以前なの？　勝負以前？　試合以前？　弱さの情報公開って「弱さの情報公開ができます！」というのもちょっと違うし、本当に「波」なんだなっていうのがあって、私も安心

2022年北京オリンピック 銀メダル、カーリング女子日本代表。
（新華社／共同通信イメージズ）

しました。

当事者研究すること

内田　私、知那美に話したかったことがずっとあって。

知那美　うん。何？

内田　うちの息子が、バスケをやっているんだけど。息子は小さいときから、なんとなく浦河の文化（べてるの家）に触れてたり、当事者研究に触れてたりしていた、最近当事者研究のこととかのイベントにはもう一切参加しなくなって。そういう時期を今順調に生きてるんだけど。これ、まあスポーツだけじゃないかもしれないけど、何かスポーツ界を見てたときに、結果重視だからその結果と自分の価値がすごく結びつきやすい世界だなっていうことに、なんかちょっと危険を感じてるっていうか、そんなことを思ってたんだよね。だから息子の入ってるチームも、今回大会で崖っぷちのところにいたんだけど、でも息子は崖っぷちだと思ってなかった。その他の子たちはもう本当に口を噤み始めてたし、チームメイトは「勝たなきゃ」「強くならなきゃ」という感じだったんだけれど。うちの息子を見てたら、「いや面白いなこの子」って思った。バスケそのものを研究しているみたい。

なんて言うんだろう。自分が体調を崩して、ちょっと試合に出られなくなったんだよね、途中からね。私としては、本人は悔しいんじゃないかな、と思った。で、その試合で負けたから、勝てなかったことに、何か不安を感じて…心配とか次のこととか、思うことがあるのかなとか思って、勝手に私が心配してたんだけど。そしたら、体調良くなった息子の第一声目が、「や、ママ」って、「この子のシュートの仕方すごい良かったよね」「相手の背の高い七番は、ボールは取れるけど、そのあとどこに出すのかっていうのを迷ってたから、その時にポンっていったら取れるってことがわかったんだ」とか。何か、こう試合の中で発見したことばっかり言ってくるの。「この子はすごくバスケを研究してるんだな」と思って。

知那美　うん。

内田　チームが危機とか負けたりしても、それと自分の価値がくっつかないっていうか。そういうのをずっと感じてて。でもスポーツってそこがすごく結びつきやすいんじゃないかなって思ってたから。この話を「知那美にしたいな」「したいな」と思いながら今日に至ったんですけど。そういえば向谷地さんが、「この仕事に人生をかけない」ことを本に書いたよね。なんか「それに似てんのかなこれは」と思ってました。

知那美　いやあ、すごい。息子さんの当事者研究は。今までやってた集まりとかに全然参加しなくなったのは自分の研究で今忙しいからなんじゃない。

内田　なんか、そうだね。

知那美　その、自分のチームの当事者研究をやっているから忙しいのかな。

内田　そうそう。そうみたい。なんか研究的なそういう態度って、何か…何だろう、本当に習慣づくんだね。
向谷地　うん。
知那美　このあいだスポーツ庁長官の、室伏広治さんにお会いする機会があって。まあ言うならば、日本のスポーツの長。
内田　うん。そうだね。
知那美　室伏さん自身もご存知の通り素晴らしいアスリートだった。今回そのスポーツ庁長官という国の仕事に就く時に、今までの全ての役職を下りなければいけなくなった。だから、大学も辞めなきゃいけないし、他にもいろんな所属していたものを辞めなければいけないって。
「いや、それってすごい覚悟じゃなかったですか、それってすごい大変なことですよね」と室伏さんにいったら、室伏さんがライフワークにしている研究は大学を辞めても、できるって。「頭の中でできるから」って、「それは時間があればできるから」っていう話をしてくれた。ああ、やっぱり、こう…なんていうんだろう、研究する事って、一つのライフワークになって、どこでもできるんだなっていう。室伏さんの人生の中には研究っていうのが一つあるんだなあと思って。それって素晴らしいなって思ったけど。息子さんもそうね。スポーツ庁長官ではないけど。
内田　（笑）
知那美　ライフワークとして、研究することっていうのが、身についてるって言うのは、すごい。
内田　スポーツと結果、結果重視のものは、自分の価値と結びつきやすくなるけど、研究というものを挟むとうまくスペースができるのかなあと思ってね。それがすごくね、見てて面白いんですよね。

向谷地　弱さの情報公開っていうことが起きると、そこにこう、みんなの研究マインドが、起きてくるっていう。そうなってくるような気がするね。みんなで研究をし始める…何かこう触媒として、弱さの情報公開って。

知那美　ああ。

向谷地　「自分が自分が」じゃなくて、研究するという一つのスイッチを入れるためには、いいかもしれないね。

勝たない私達に価値はないのか

知那美　いや本当に、あずちゃんが言う通りで、アスリートって、本当に目に見える形で結果が評価となる。結果が相対的評価として使われるのは、もうスポーツ界ではあたり前になっているところがあって。多分そこを、「そういうもんだ」と諦めて、割り切っているアスリートも多分たくさんいると思う。私達はチームで日本代表選手だけれども、この日本代表を誰が選ぶのかによって、誰が選ばれるのかも違うし、自分がなりたい選手像と求められるものが違う場合ももしかしたらあると思う。

でも、そういうときに、競技を楽しく続けるためには、本当に息子さんじゃないけど、本当にその評価とは別のところに自分が、何でその競技をしているのかとか、自分の価値、こんなところが魅力なんだ、その「らしさ」や「強さ」を忘れないでいることって、簡単なようですごい難しい世界だなって思うし、私もそれですごい悩んでた。『勝たない私達』「勝たない私」に人としての価値はないのかなっていうところを、すごく考えてたときがあって。まあ、やっぱりそれはオリンピック終わったあとや、大きな大会終わったあとの、こう燃え尽きてるときに、そういうマインドになり易くて。それを、宇宙飛行士の野口聡一さんに相談したことがあった。

内田　そうだったね。

向谷地　その辺はきっとこれからも、アスリートを目指す人たち、またそれを知っている人たちの、今後大きな一つのテーマになってくる。実はそういうさまざまなジレンマの中でアスリートの皆さんが頑張ってるんだっていうことが、もっと伝わるきっかけになるんじゃないかなという気がしますね。

知那美　そしたらこう、もっと安心して、競技もできると思うし。

内田　そうだね、うん。

知那美　もっと安心して生きられるはずだし、もっと安心して、楽しんだり、勝ったり負けたりもできるはずだよなというのは、あるんですけれど、なかなかまだ日本のスポーツ界、そこに焦点は当たってはいない感じもします。

内田　いや、でも楽しみだね。これからがすごく。

知那美　私も、「ここで絶対失敗したくない」「このために準備してきたんだ」と思っていたそのオリンピックで、失敗をしてきたから。何か今は、「もう怖くない」っていう気持ちだし、チームのみんなとも話をして、こう、すごく嬉しかった。そういう私が弱さを出せないとき相談できないとき、ホタテになったときに、チームのみんなが「私達はどうやったらサポートできるかな」「どうやったら助けられるかな」と声をかけてくれて。だから、もう改めて、「そうだよな」って。「頼っていいんだよな」というのを、思ったので。こうゆっくりだけど、「また一歩一歩頑張ろうかな」と思ってる。

二章　弱さを認める

対談：べてるのメンバー
上段左：チャーミー・佐藤 太一・向谷地 生良・山根 耕平・早坂 潔
上段右：内田 梓　下段：吉田 知那美

前に紹介がありましたけれども、『新・安心して絶望できる人生「当事者研究」という世界』これは吉田知那美さんの対談も収録されておりまして、一つの競技でメダルは全人類の中で金・銀・銅の三つしかないわけですよね。その中の一個つを手に入れるために。そのために実に多くの時間と汗を流し、いろんな人たちが役割を果たしてメダルというものを取るわけですけども、しかしそこにはさまざまなドラマがあって、そのメダルを獲れた人と、メダルを獲れなかった人、アスリートの世界の中にいろんなドラマがあって、心傷つく人もいるし、いろいろ違った世界を経験する人たちもいますし、私たちは最近、マラソン選手のオリンピック選手を目指していたアスリートのかたが、結局摂食障害でクレプトマニア（病的窃盗・Kleptomania）を、いわゆる窃盗症を患って、本当に苦労されているかたとお話をする機会があったんですけど、本当にアスリートの世界にもいろんな大変さがあるわけですね。そういう意味では弱さの情報公開というのはとっても深いテーマなんだなと思います。今日はそんなお話を聞くことができました。

この弱さの情報公開というのは、まさにべてるの人たちのメンバーさんたちの日々の苦労の中からふと生まれた言葉なんですけれども、本当に新聞やテレビの試合画面から伝ってくる華やかな場面の裏側でいろんなことがあるんだ、まさに人が生きてるんだというのがわかって、私たちが普段使っている弱さの情報公開も、いろんな切り口で自分の中に落ちてきたなという気がします。それを聞いてくださっていた、べてるのメンバーさんたちにも聞いてみたいと思います。自己紹介も兼ねて、チャーミーさん。

弱さを認める

チャーミー　チャーミーからいきます。チャーミーはあだ名です。私の自己病名は、躁は買い物、うつは体のストライキな躁うつ病のチャーミーです。よろしくお願いします。

向谷地　よろしくお願いします。どうでした？　話を伺って。

チャーミー　話を伺っていてだんだん弱さを認めだすと、勝負事の勝ち負けというのはどういうものになっていくのかなというのをちょっと、わからなくなってきたりしました。

向谷地　できるんだから、勝てるんだと、そうやって自分を奮い立たせて勝つ、勝利という、それとベクトルが違う気もするしね。

チャーミー　なんか全然真逆のベクトルな気がするから、それでも勝ちたいという思いはお持ちだというのは伝わってきたから「弱くて良い」でも「勝ちたい」って、どう両立するんだろうってすごく不思議に思いながら聞いていました。

向谷地　これ面白いですよね。

知那美　そうです。本当におっしゃる通りで、最後のほう、私たちはオリンピックで、よく振り返ると、勝ちたいって言ってないんですよね。最後のほうになればなるほど、私たちらしいパフォーマンスをしたいというのをずっと言っていて、その結果は、勝つか負けるかはその先にあって、私たちは良いパフォーマンスをするために、自分の弱いところを、自分のなさけないところも公開して、シェアして、認めていく。私たちらしくあるということに、勝つことよりも、そこに向かっていっていたのかなというのは、今言われてすごい思いました。勝つのをやめた、勝ちたいんですけど。途中から勝つことよりも価値のあることを思った。

内田　価値が違うってこと、勝ち方が変わる、そうだね。勝ち方が変わる。

知那美　変わったのかな。

内田　面白い。

知那美　今、本当に良い質問ありがとうございます。本当にその通り。

早坂　みんなすごい考えてるっていうか、気持ちがひとつなんだね。やってることは。もちろん勝つことも必要なんだけど、勝つほかに、シェアというか、パフォーマンスというか、知那美ちゃんなら知那美ちゃんらしいパフォーマンス、またはサツキ（藤澤五月）さんならサツキさんらしいパフォーマンスをみんなが一緒になってひとつだっていうことなんだね。

知那美　本当にその通りですね。みんなが苦しくて、みんなが不幸せで、みんなが嫌な気持ちで勝つよりも、みんながみんならしく、みんな幸せで、みんなが心地良い状態でいること。そのためにはやっぱりいちばんに、みんなが心地良くあること。

早坂　僕が言いたいのは、たとえば勝負して勝つことを前提にして、勝つことが嬉しく思うこと、負けたとき、「あー、負けちゃったんだな」という落ち込みも必要だけど、そうじゃなく、負けちゃったんだけど、「またあるさ」みたいな、明日に向かって、未来に向かって、また勝てるさみたいな、負けたからこそまた勝てるんだっていう思いのほうが良いんじゃないかなって、僕、勝手に思ったんだけど、知那美さんから大変僕は勉強になっています。

向谷地　もうちょい早く勉強すれば良かったね。

早坂　勉強すれば良かった。知那美さんの言っていることはすごいなと、僕は考えられない、僕はすぐアッパラパーになっちゃう。ちなみに知那美さんはビタミン愛をもらってますか？　仲間から。ビタミン愛。もらってる？仲間から。

知那美　ビタミンアイ？

向谷地　愛情のビタミンですね。

早坂　愛情のビタミン、はい。

向谷地　早坂さんは「あい　うえお」といって。「愛に飢えてる男」でね。ビタミン愛が欲しいんだよね。

早坂　それが欲しいんだよ。

知那美　私は目一杯もらってます。

早坂　良いな。良いな良いな。

知那美　目一杯もらってる。

向谷地　早坂さんは、ちょっと困るとか、ちょっと悩むっていうことは、入院直結だからね。こんなわかりやすい人いなくて、今まで五〇回ぐらい入退院を繰り返してた。だけど、そういう困ることイコール入院で、しかし、最近入院しなくなってきたしね。

早坂　この間、何年前だ、最後の入院。二年前に札幌の病院に入院して帰ってきたんだけど、僕は新しい住居に移りましたんで、知那美さん、浦河のべてるに来たら、僕の住居に寄ってください。

知那美　はーい。手土産持っていきます。

向谷地　太一さんにも感想を伺ってみます。

べてるからの応援

太一　こんにちは。佐藤太一といいます。今日のミーティングの感想なんですけど、たまたま、同じ北海道の北見の選手がカーリングで活躍してるっていうのをテレビで見ていて、それで銀メダルをとったとニュースでは結構取り上げられて、女子のカーリングでは史上初といってた。その陰ではやっぱりアスリートの独特の、特有の苦しみみたいな、結構波とかあったのかなと思って、べてると結びついてるなと思いました。ありがとうございました。

知那美　こちらこそありがとうございます。

向谷地　太一さんもいわゆる弱みを出すことっていうのは、弱さの情報公開のいちばん難しいテーマで、今までそれを経験してきたんだもんね。

太一　はい。水を飲むのが止まらなくなったり、あと部屋から出て、他の人の部屋にいって盗んだりとかしちゃっ

て、それでちょっと帰れない状況なんですけど

向谷地　ちょっと生々しい話ですいません。

内田　冷蔵庫のものを食べちゃったりとかそういうことで

向谷地　今日の幻聴さんはどんな、知那美さんの話を聞いて、太一さんの幻聴さんはどんな感じです？

太一　吉田知那美選手ってかなりすごい選手だなと思いました。

向谷地　幻聴さんも褒めてます？

太一　幻聴四号も褒めてます。

知那美　ありがとうございます。名前ついてるんですか、幻聴四号という。

太一　そうなんですね。一から三もいらっしゃる。四号は良い幻聴さん。

向谷地　一号二号三号四号。増えたね。

太一　一号増えました。

向谷地　いちばんちょっと厳しいというか、いつも悪いことばっかり言うのは一号幻聴だったっけ。

太一　そうですね。

向谷地　一号はなにか言ってます？

太一　一号は今日は出てこないです。

向谷地　今日は出番じゃないって言って。

知那美　出番じゃない？　ありがとうございます。

向谷地　山根さん。

山根　はじめまして、山根といいます。内田さん、お久しぶりです。知那美さん、お初にお目にかかります。僕も今日の話を聞いていて、僕、早坂潔さんの隣の部屋に住み始めたところからべてるの生活が始まったんですけど、一応早坂さんのいちばん弟子なんですけど、早坂さんは、北京オリンピックの前の平昌オリンピックのときから、吉田知那美ちゃんを応援して、「わかったな山根」って言われて、「はい」って一緒に応援してたつもりだったんですけど、北京オリンピックの前の日本代表決定戦、北海道銀行との対戦のとき、早坂さんと話してて、二連敗しちゃってると、「やばいぞ」といったら、これはお祈りが足りないからって、早坂さん、一日一時間ぐらいお祈りしてて、知那美さんだけじゃなくて、チームメイト全員の名前でお祈りしてて、「山根も応援、お前も応援してない、足りないから負けてるんだ」っていうから、「僕も頑張ってお祈りしますわ」など話をしていたんですが、そのあと三連勝したのは、早坂さんと僕のお祈りじゃなくて、弱さの情報公開が決め手だったんだなと、早坂さんは「俺のお祈りが効いたんだ」って言って、「そうなんだ」と思ってたんですけど、弱さの情報公開、劇的な展開があったというのを聞いて、なるほどと思って、良かったなと思いました。

向谷地　早坂さんの祈りは通じた？

早坂　通じてる？　知那美ちゃん。

知那美　通じてる、通じてる。今、話聞いて、本当に浦河にチームで報告会にいかなきゃいけないなって思いました。こんな祈っててもらってたら。

早坂　四人お祈りしてるからね。

知那美　ありがとうございます。

早坂　僕の仲間が、琴美（ことみ）（ロコソラーレ・石崎琴美）さんを知ってるんだって。

知那美　そうなんだ。
早坂　同級生みたいらしくて。
知那美　そんな身近な。えー。
向谷地　どこで同級生？
早坂　どこで、小学校か。
知那美　帯広かな。
早坂　そうそう。
向谷地　そうか。お父さんが転勤族で、確か帯広にいたんだよね。
知那美　じゃあそうだ。そうだそうだ。
早坂　琴美さんによろしく言っておいてください。
知那美　言っておきます。
早坂　五月（藤澤五月）さんにもよろしく言っておいてください。
知那美　これから会うので言っておきます。
早坂　夕梨花（吉田夕梨花）ちゃんは元気ですか？
知那美　元気です。
早坂　えへへー、いえーい。それでもう充分だね。
山根　毎晩四人分、フルでお祈りしてて、一時間以上お祈りして、続けてて、大丈夫かなと思ったんですけど。
知那美　アスリートだ。お世話になります。

向谷地　効き目のあるときもあるけど、もしかしたら足も引っ張ってるんじゃないか。

早坂　僕ね、北京オリンピックのとき、ずっとお祈りしてたんです、四人のことを。そしたら偶然に勝ってしまったんだ。

山根　偶然じゃなくて

早坂　でも惜しいショットがあって、サツキ（藤澤五月）さんが外のほうのピンを外したんだよね。あれ惜しかったなと思って。

知那美　すごい、本当に見てくれてて、細かいところまで。

向谷地　ところでルールはわかる？

早坂　ルールは、あれどうなれば一点入るの？

山根　真ん中に集める

知那美　今度教えます、今度。（笑）

早坂　今度教えて。

内田　早坂さんカーリングしに来ないと、北見に。

知那美　そうだ。

早坂　スタイルがちょっと耐えられないな。今度教えてね。

内田　すごい難しいんだよ、あれ。

小栗佑治さん

向谷地　話ちょっと変わるんですけど、最近TVで知ったんですけど常呂町にカーリングをいちばん最初の頃に紹介した方がいらっしゃいますよね。すでに亡くなられていると思いますが。

知那美　小栗（佑治）さんですね。

向谷地　そう小栗さん。

知那美　はい。小さい栗で小栗さんです。

向谷地　小栗さんのことがテレビで紹介されていて、非常に感動的だったんですけど、小栗さんと知那美さんとの接点というのももちろんあるんでしょうけど、なにか思い出あるんですか？

知那美　私がカーリングを始めたのは、日本にカーリングを持ってきた小栗さんのスカウトだったんです。

向谷地　そうなんですか。

知那美　小栗さんはよく小学校や、中学校の運動会とか、体育の授業とかを覗きにいって、運動神経の良い子を見つけて、その子をスカウトするみたいなことをよくやっていたみたいで。それで、小栗さんのお誘いで七歳のときにカーリングを始めて、そこから今までずっとカーリングをしています。

向谷地　すごいね。小栗さんの目の付け所ってすごいね。

知那美　でもそう考えると、浦河のべてるみたいですね、小栗さん。べてるもそんな感じで目の付け所すごいなって。

向谷地　本業はなにをやってらっしゃったでしたっけ、小栗さんは。

知那美　小栗さんは小栗商店という商店を営んでいて。

向谷地　お店をやっていたかたでね、いつもニコニコしてね。

知那美　そうそう。畑もやっていて、小さな菜園なんですけど、よく収穫の時期にアスパラが盗まれちゃうって、小栗さんが生前苦労していて。小栗さんがとった対策というのが、アスパラ一本一本に付箋をつけて、「泥棒さんへ、まだ食べどきじゃないので盗まないでください」ってアスパラ一本一本に。

向谷地　面白い。

知那美　監視しないで、アスパラにメッセージをつけていたって。

向谷地　そういう発想がね。当時、カーリングする場所もなかったので、校庭に水を撒いてリンク作るっていう、そこからやっていた時期のフィルムなんかが残っていて、すごいなと思いましたね。

知那美　たった一人の人の好奇心と熱量で、また街に新しい文化ができて、それが今や日本を巻き込んでの文化になってきているので、本当にすごいなと思います、それは。本気でふざける、本当に本気で大人が遊ぶってなんかすごいなって思いました。大人が本気になって遊ぶと歴史が動くんだって思いました。

内田　本当だね。町民全体がカーリングやってた時期ってあったんですよ、常呂町で。だから、うちのお父さん、カフェをやっていたけど、じゃあちょっと次試合だからといって抜けていなくなって。本当にホールができたときなんて多くの大人たちがカーリングホールでカーリングをやってたという記憶があります、私が小さいとき、大人たちが楽しく笑いながら真剣にカーリングの勝負をしていた。みんなステッキを持っていたよね。だいたいの家にあるっていうか。

向谷地　一家にひとつステッキがあるっていう。
内田　そういう思い出がありますね、小さいとき。
向谷地　人の遊び心って、さっきのアスパラの話でもそうだし、泥棒に怒ってるっていうのも遊び心だよね。
内田　本当ですね。
知那美　本人は真面目にやっていそうな気もする、これがいちばん良いんだって
向谷地　一貫してるよね。
知那美　確かに。小栗さんは確かに思えば、人に怒ってなかったかもしれないです。泥棒に対しても。
内田　そうだよね。
知那美　対策で返す。その小栗さんが、生前からずっと私たちに言ってたのは、カーリングは楽しむものだからって。でも「オリンピックにいけ」と。

モグモグタイム

早坂　調味料みたいなものなんだね、やっぱり。調味料。不思議な調味料持っている。
知那美　不思議な調味料ってなんですか？
早坂　たとえば明日カーリングに勝てる調味料とかさ。たとえば明日試合だからこれを食べて、この調味料をかけて元気になろうとか、そういうもの。俺、なに言ってんだかわかんない（笑）
向谷地　僕はわかるけど、そういうのがあれば良いな。

知那美　確かに、あったら良いな。
早坂　なあ山根、たぶん、なあ。応援してたんだから僕は。
山根　応援にいくときはね、本当にすごいんですよ。
早坂　だって知那美ちゃんの手紙に「応援してね」って書いてあったから応援してたんだよ。
山根　毎晩一時間、ロコソラーレの五人のかたのお名前を唱えて「勝ちますように、勝ちますように」って、暗くなるんじゃないかと思って心配した。
知那美　（笑）
向谷地　それで入院したんじゃないのか？
知那美　面白いなあ。
山根　僕、早坂さんの隣の部屋に住んでいる、山根です。僕はサッカーをずっとやってまして、小中高大、大学院、社会人でやってたんですけど、そんなに強いチームにはなれなかったんですけど、いつも根性で頑張れとか、努力しろ、そんなサッカーばっかりやってたので、ロコソラーレのかたの戦いぶりというのは、モグモグタイムがいちばん僕には衝撃的で、真剣勝負の中で和気あいあい、モグモグして、みんな仲間内も確かめ合ってもう一回勝負に挑むというような、切り替えが僕にはなかったなと思って。今、僕もモグモグタイムやってるんですけど、僕、薬を飲まなくて入院するっていうのを何回も繰り返して。
早坂　ばかたれ。
山根　薬を飲むことにしたんです。みんなの前で薬を飲むときに「モグモグタイムです、よろしくお願いします」って薬を飲むとみんな、モグモグタイムね。

知那美　えー、すごい。ノムノムタイム。

山根　モグモグタイムは僕の回復のためにある。

向谷地　ノムノムタイムでしょ。

山根　ノムノム、そうですね。モグモグってことじゃないです、ゴックンタイムぐらいのものなんですけど、ノムノムタイムですね。

知那美　それ良いですね。でもそうかもしれないです。あれって、モグモグタイムって、他のスポーツだったら、たぶんロッカーに帰って、見えないところでやってたりはすると思うんですけど、私たちのチームはカメラの前で作戦会議も、そのまま見せちゃうし、他の選手とか、他の国だったら、普通にただ立って集まるみたいな感じなんですけど、私たちは日本人のお花見文化が根付いているのか、ひと息つきたいときはみんなで座って、好きなものを食べてみたいな。でもそうするほうがなんとなく会話が弾む気がして。お茶なんて飲みながら。難しい話をするときこそ、場を和やかにしておくって大事だなあって。

向谷地　海外の選手から見たら、このロコソラーレのこのチームの作り方とか、コミュニケーション文化というのはどんなふうに見えるんですかね。

知那美　カーリングってスコットランドで発祥して、文化としては今カナダが国技のような扱いでやっているのでいちばん発展してるんですけれども、カナダのカーリングのレジェンド選手、すごい有名な選手が私たちについてインタビューで話していてくれたのを聞いたんですけれどもその方は、「彼女たち（ロコソラーレ）はカーリングのあるべき姿をチームで体現してくれている」「勝利に向かう姿勢もチームスポーツである、チームとしての姿勢も、そしてカーリングを楽しむという姿勢をもっている」と私たちのことを言ってくれていて、やっぱりどの国でも勝負事、国の国旗を背負って戦うとなると、楽しかったはずのことが、そうではなくなっていくというのは、日本だけじゃなくて、どの国でもあることなんだなと思うので。やっぱり楽しむって難しいんだなと。「楽しんで良いものなのに」ってすごく思いました。

弱さという文化

向谷地　いわゆる弱さの文化というか、これは非常に、もしかしたら日本的、東洋的な文化かもしれないなって思うんです。海外いって弱さの情報公開をすると、たとえば自分はこんな病気を持ってますという話をすると、なんでそんな自虐的なんだとか、お前はもっとこういう良いところがあるじゃないかとか、そんな自分のダメなところに目を向けないほうが良いよみたいな、私たちが弱さの情報公開をしても上手に伝わらないもどかしさみたいなのを、海外でたまに経験することがあって、そういう意味では、良い形でこれから伝わっていくきっかけになるかなという気がしますね。

知那美　確かに。それはありますね。良いところに目を向けてって、そんなふうに自分のことを言わなくて良いよって、その雰囲気も感じます。そこは確かに不思議です。

向谷地　決して自分のダメなところを言い合っているわけじゃなくて、出し合っているわけじゃなくて、私が思ったのは、いわゆる私たちがとりあえず弱さと言っているものって、実はものすごく大事なもので、大切なもので、私たちはまだそこに価値を見いだせていないだけであって、だからこそ独り占めしないでみんなで分かち合う大事なものだという、そういう分かち合い、良いものだから分かち合おうという、そういう背景、歴史があるような気がするんですけどね。これからそういう発想がスポーツを通じて広がっていくというのもね、楽しみだなと思いましたね。

早坂　ねー。

山根　早坂さんは弱さの情報公開の大切さを僕に教えてくれた人なんですけど、僕はサッカーをずっと、大人になるまでずっとやっていて、なんでも努力すれば、勉強もスポーツも努力すればうまくいくものだと思っていたんですけど、この統合失調症って病気については、努力すればするほどどんどん悪くなっちゃう。なにしてもダメだと思ったときに、早坂さんに弱さの情報公開をしたら、お前も苦労してんだなって言われて、でも俺とか他の先輩が同じような苦労をして失敗しているから、お前も失敗しても大丈夫だっていう、普通の社会であんまりないような応援をここではしてくれるので、それで安心して弱さの情報公開ができると。正直弱さの情報公開をしていると、それが良いサイクルになって、失敗した先輩たちが良い方法を教えてくれたり、解決はできなくてもお前一人でない、みんな失敗しているから大丈夫だという受け入れができるので、僕はスポーツではそういう受け入れができるところまでやれなかったんですけど、知那美さんたちはオリンピックという舞台で、モグモグタイムというような形とかで、いろんなコミュニケーションで、弱さの情報公開も含めて話し合って、それでまた勝負に挑むというすごいバランスを体現していって、それで僕、感激してました。

早坂　すごいと思うよ、やっぱりな。今度四年経ったら金メダルだぞ、知那美ちゃん。

知那美　（笑）

早坂　ちゃんとお祈りしとくからな。

知那美　お祈りも気が向いたらしてください、ありがとうございます。

早坂　へいへい。

向谷地　気が向いたらぐらいが良いです。本当にお忙しい中、そして時間を割いていただきましてありがとうございました。スポーツを通して、スポーツ以上のものを私たちにいろいろ提供させていただいているなと思いました。本当にありがとうございます。

早坂　頑張ってね。

向谷地　ぜひ健康にお気をつけて。またときどき内田さんを通していろんな情報が入ると思います。楽しみにしています。今日は本当にありがとうございました。

早坂　ありがとうございました。

知那美　ありがとうございました。

向谷地　どうもありがとうございました。吉田知那美さん、内田梓さんを囲んでの鼎談と。それからワイガヤミーティングと。皆さんに聞いていただきました。鈴木さん、いかがですか?·見てみて、なにか感想というか、なにか新しくインスピレーション、なにかあったら。

弱さというキーワード

鈴木　べてるって理念がたくさんありますよね、いくつか。その中では情報公開だけでもこれだけ奥深いんだなと思って、非常に勉強になりました。それでオリンピックっていう極限の状態と、私たちが味わってきた病気の極

べてるのメンバー　左からチャーミー・早坂 潔・向谷地 生良・鈴木 舞・木林 美枝子

限の状態と共通しているところがあって、そういう病気の極限の状態から生み出されたそういう理念の数々が、オリンピックを目指している、オリンピックでメダルを獲ることを目指している人たちにとっても本当に役立つんだなと思いました。なので改めて弱さの情報公開だけでもすごく大切なことなんだなということがわかりました。

向谷地　この弱さの情報公開ということの、ずっとルーツをたどると、私もこの現場で仕事をするようになって四五年経つんですけど、とても不思議だったなと思う最初の経験というのは、たとえばお酒がやめられなくて困っている、お酒でみんなに迷惑をかけて、みんなから袋叩きにされている人たちが、心も体もズタズタになって入院してくる。その人たちが回復していくプロセスを見ると、みんなが仲間同士集まって、とにかく毎日毎日定期的にコツコツと、自分の失敗談とか情けない話をコツコツし続けるわけですよね。それをするとみんなお酒に対するこだわりがだんだん薄れて、どう生きるかってことが整ってくるという様子を見たときに、なんでこんなみんな弱いところ、情けないところ、人にあまり言えないところを言うことは、人が力を取り戻すきっかけになるんだろうって、そのことが私の発見というか、問いだったんですね。これはきっと皆さんも似たような経験をしてますよね。まさにそれは昔の鉄格子の七病棟（浦河日赤病院精神科病棟）に入院した人たちの中から生まれてきたキーワードだと思うんだよね。早坂さんがいちばん知ってるというかね。なかなか自分の弱さを語れない時期もあったわけでしょ。

早坂　それこそ知那美ちゃんでないけども、かっこをつけてたっていうか、学生時代に僕が養護学級にいたころは、おっかなくていけなかったり。でも、心の中になにかかっこつけた自分がいるというか、怒られないようにするっていうようなことを考えるんだけど、それがどうなのかというのがよくわからなかったというか。

向谷地　四〇年前に早坂さんに会ったときに、お互い二〇代だったけど、会ったときに「おい向谷地」って早坂さんに呼びとめられたのが、早坂さんとの出会いだった。

早坂　そうだなあ。

向谷地　すごく強がっていたよね。

早坂　俺は七病棟の開放病棟にいたときに、向谷地さんって良い人だなって思った、良い向谷地さん、良い向谷地さんと言ったら怒られるけど、良い人だなと思って。それがなんか僕の中で、嫌なことがあったんだな、きっとな。「おい向谷地」と言ってしまった。でもたびたび「おい向谷地」っていうのが聞こえたときに、どうしたら、どうやったら和解できるのだろうか、許されるんだろうかって、いろいろ僕の中のない頭で考える自分がいて。勉強になるよ、向谷地さん。

向谷地　たとえば同じ歳で、一方は患者、一方は病院の職員で、ソーシャルワーカーで。同じ歳なのになんだこの格差はみたいな、早坂さんの中にはそういう……。

早坂　あったんだと思うな。

向谷地　昔話したような気がするけど。

木林　向谷地さんってなんか言いやすいとかさ、簡単に見えるのさ。だから私もさ、結構言った、早坂さんも結構言ったけどね。本人にも言ったことあるかもしれないけど、言いやすいの、なんか雰囲気が言いやすいの。

早坂　でも向谷地さんとの出会いは僕が様似（サマニ）町に来た時で。

向谷地　隣町ね。

早坂　隣町の様似に来たときに、牧場で仕事してたんだけどおかしくなってね、四、五人で僕を押さえ、病院に連れていかれて、その時に廊下会ったんだもんね。

向谷地　早坂さんね、もう痩せこけて、坊主頭で、つくしんぼうみたいに痩せこけて、両脇抱えられて、階段を上がっていく。昔、精神科の外来は五階にあったの。普通エレベーターでいくんだけどね、早坂さんはちょっといわゆるぱぴぷぺぽだったからね、エレベーターに乗せられないと思って、両脇抱えられて階段を上っていったんだね。

早坂　それが向谷地さんとの最初の出会い。

向谷地　ちょうど私が階段を下りるときにすれ違ったの。「あら、初めての人だな」と思った。誰だろうと、それが早坂さんだった。

木林　私は向谷地さんとの初めての出会いはね、べてるに来る前でね、私は襟裳出身なんだけど、襟裳で巡回診療というのがあって、そこに通ってたときに、襟裳にヨウコちゃんって人がいて、その人としゃべっていた、宝くじについてしゃべってたんだよね。宝くじで当たったら良いねなんて、五〇〇〇万とか、二〇〇〇万とか言ってたっけ、そのとき生良（向谷地）さんと初めて会ったんだけど、町で誰が当たったかというのが、わかるみたいですよって教えてくれたの。それが、そのとき私、名前もなにも知らなかったけれど、それが向谷地さんだった。

向谷地　木林さん、自分のいわゆる弱さを語れるようになるには、木林さんの場合は結構時間がかかったですかね。それとも素直に話せたほうですか?

木林　弱さって基本で、本当に弱いのかもしれないけど、変に病気がさせるのか、変な強さがあるんですよね。自分で気づいてきたし、そういうのを仲間同士でガソリンといって、自分の中にエンジンみたいなのがあって爆発しやすい人で、そのガソリンの使い方だよって、うまく使えば病気も、病気の人もほっとかれないからって言って、爆発っていう形をするとあまり世間の人、よく見てくれないから、そのガソリンをうまい具合に使えば良いんだとかってしゃべってて、今年の冬だったんだけど、氷が張っていて、いきなり私もガソリンの使い方だって自分で思ったから、スコップを持っていって、カフェのまわりを氷割始まって、すごい力が出たのね。バツバツ割って、きれいに片付けて、こういうのがガソリンのうまい使い方なのかなって自分で思って。

死にたい・消えたい

向谷地　今質問が来ているんですけど、死にたいとか、そういう気持ちを受け止めてくれる、吐き出せる人がまわりにいないんだけど、皆さんはどうしてますか?というものです。そういう究極の死にたいぐらいの気持ちは、今、吐き出せる仲間はいますか?今のかたはそういう場がないということの相談が来ています。

チャーミー　何年か前、一〇年ぐらいか、七、八年前に死にたいんですと向谷地さんに言ったら、向谷地さん「ああ、そうですか」という感じで、「あー、そうですか」って、ただそれだけだって、聞いてくれたんだよね。でも、そのときに「あー、死んじゃダメだよ」とかって、そういうんじゃなくて、「あ、そうですか」って淡々と言われたことで、「あっ」と思って、そうか、そういうやり方もあるんだななんて思いましたね。ただ聞いてくれるだけで良いんだなって、共感じゃないけど。

向谷地　木林さんは死にたくなって、海に。

木林　海辺なんかいってね。

向谷地　海が近いから、港にいってね、テトラポットという波消しの上に向かったら、するっと苔というか、海藻で、するっと足が滑ったんだもんね。そしたら、私も何回聞いても忘れられないんだけど。

木林　忘れない、うん。そのとき滑って、ぞっとして、「あー、死ぬかと思った」と。死のうと思っていったのにね。

向谷地　やっぱり人間って面白いね。あと、いろいろエピソードは、死にたいといって電話かかってきた人でも、長い関わりをしていると、「ごめんね、死にたいっていう深刻な話の中で、ごめんね、朝ごはん食べた?」っていったら、「食べてない」「ごはん食べてからもう一回電話ちょうだい」といって、ごはん食べたら「あ、収まった」ってね。

早坂　そうだよ、そう。

向谷地　お腹(なか)が空いてた。だからいろんな死にたいがあるよね。

木林　さっきのテトラポットの話だけど、私の場合は、二四歳で初めて入院して、それから一二、三年、同じ病院で入退院を繰り返していて、ある程度病気が治まってきて、親と家で、私がだいぶ病気良くなってきたので、和やかに談笑、家の茶の間で談笑してて、そのとき、自分でも幸せだって思ってるのかもしれないけど、そういうのが、変な病気なんだわ、嫌だったみたいな感じで、外に出ていって、海にいっちゃった。

向谷地　鈴木さんはどうですか？

鈴木　死にたいタイプの人と、消えたいタイプの人がいると思うんですけど、私はどちらかというと消えたいなというタイプで、自殺したいというよりも、とにかく消えたいって感じの気持ちが強いことがすごくずっと続いていたんですけど、結局それはうまく解決する方法はなかったんです。とにかく一人で毎日消えたい消えたいという感じの日々が続いていたんですけれども、消えたいっていう言葉を死にたいって置き換えることも多くて、実際には死にたくないけど、消えたいという意味で死にたいと使って、毎朝起きるたびに死にたいなって思って起きるんですよね。そういうのがずっと続いていて、べてるに来てからもずっとあったんですけれども、べてるに一年いて、ようやく最近、朝起きたときに死にたいなという気持ちがふって思い上がることが非常になくなってきて、最近はほとんどなくなりましたね。生活が安定すると違うんだなと思います。

木林　鈴木さん、今、したいことしてるわけだね。

向谷地　そういうときって死にたいさんはどこにいっちゃうんですか？

鈴木　死にたいさん、どこにいったんでしょうね。自分の中にはいると思うんですけど、たまにちょっとつらいことがあるとポッと出てきちゃうので、私の体の中でちっちゃくどこかにいっている状態っていう感じだと思います。

向谷地　今日のテーマ、いろんなキーワードがあったと思うんですけど、ちょっと感想も含めて、おひとりひとり、まず早坂さんから。

早坂　知那美ちゃんの話を聞いて思ったのは、かっこつけとか、いろんなこと、勉強になったんだけども、なんていうか、二回負けてもあとがないときのかっこつけてたっていうのと、いろいろ過ぎ去ったことをすぐ忘れるんだけども、すごい人なんだなと思いました。すごい人だと思うし、知那美ちゃん自体は最初会ったときに、この人は病気でない、苦労してる人だなっていう、直感的なひらめきが僕の中にあって。だから、ひとつひとつのしゃべる言葉にしても、心こもってるというか、気持ちが入っていて、勝たなきゃならないっていう世界、最後のほうに、勝ってなんぼっていうか、勝ったら吉田知那美だっていうような感じが、そのときに、みんなが集まって、四人集まって、そういう弱いところというか、本当の気持ちを、今の気持ちをみんなにしゃべるというところとか、いろいろべてるに置き換えたら、弱さの情報公開とかいろいろあるんですけど、僕もなんてしゃべって良いんだか、なんも考えてないんですけど、そういうところが僕の弱いところであって、話を振られたときに早く来ないか早く来ないかって思ってるうちに忘れちゃって、とんでもない言葉になって、ぱぴぷぺぽ状態になるのが、こういうのっていちばん弱い、昔は弱い感覚ですぐ講演が終わったらはんかくさくなって、入院っていうふうな感じで。この間も向谷地さんがちょっと言われた言葉で気になって、夜に気になって、それが病気の世界に入りつつあるけども、なんとか持ちこたえたんだけど、すごく僕弱いんですよね。そんなところです。

向谷地　ユウコさん。

ユウコ　秋、たぶんオリンピックの後日談かなにかで、負けてるときに、ただ負けてというんじゃなくて、みんなが一緒に、「あっそうだ、楽しんでやりましょう」って思ったんですって、そしたらうまい具合に三連勝したって。私もいちばん嫌なこととか、そういう苦手なことって、楽しんでやってないなって思うんですけども、それ以来、そうだ、仕事も楽しんでやれば良いんだというふうに思ってやっています。あと知那美さんが言った、そのときにええかっこしいというのかな、かっこつけてやってるって、本当べてるの人ってかっこつけてる人多いんですけども、でもそれを見破るのがみんなメンバーで、だんだんかっこつけなくなって、素の自分になって、弱さの情報公開ってできるんだなというふうに思いました。

向谷地　鈴木舞さん、なにか付け足すことあります。

鈴木　少し思い出したんですけれども、私も消えたいな、消えたいなって思っていたときにパソコンで検索しましたら、生良（向谷地）先生がいろんな人が消えたいっていうことについて書かれた本について、書いてるんですよね。ぜひそれも読んでみてください。

向谷地　ということでね、今日は本当に長い時間ありがとうございました。たくさんのキーワードが出てきました。この弱さの情報公開もさっき話したように、実際にもうメンタルがやられるほどさまざまな苦労が煮詰まった人たちがどう生きるかという中からふと生まれてきた言葉、べてるの理念とか言葉ってみんなそうなんですけど、それはべてるだけじゃなくて、世の中、社会、いろんな人たちに普遍的に使っていただけるキーワードではないかと改めて今日思いました。ありがとうございました。

三章　行き当たりバッチリ

向谷地宣明
メディアン株式会社 代表

べてるで育った子どもたち

北海道浦河町に「べてるの家」という精神障害を経験した人たちのコミュニティがあります。いまは百数十名ほどのメンバーがいますが、もともとは私の父（向谷地生良）が地元病院にソーシャルワーカーとして就職した一九七八年に、数名程度の当事者による回復者活動としてはじまりました。

べてるでは、私が子どもだった頃からメンバーたちが幻聴や妄想の苦労を語らいながら地元特産の日高昆布を裁断して袋に詰める仕事をしていましたが、そこには様々な理由から学校に行けない子どもたちも時々来て一緒に過ごしたりしていました。

現在でもべてるでは新しい命が誕生していますが、当時はいまでは考えられないくらいたくさんの子どもたちが地域にいました。

父は毎週末のようにワゴン車で団地をまわって子どもたち集めてきて、勉強を教えたり、河原に行って魚やエビを獲ったり、野外施設でキャンプをしたり、クリスマスなどの季節のイベントをしたりしていました。母はいつもクッキーやケーキなどを手作りして子どもたちに振る舞っていました。

当時、私はよくわかっていませんでしたが、その子どもたちの親の多くはアルコール依存症や何らかの精神疾患などを抱えていました。向谷地家はしばしばそんな子どもたちの「避難先」になっていました。

ある日突然知らない子が家に来てしばらく一緒に暮らすということもよくありました。

向谷地家の特徴として言えるのは、そういうことに関してなにも説明がないことです。普通の家庭ならもっと事前に家族会議のような場で事情の説明があって、その上で子どもを預かるというプロセスがあるのかもしれませんが、そういう過程が全然ありません。もちろん事後の説明もありません。私もなんだか泊まりに来た子に悪いなと思って余計な質問をしたりもしませんでした。ただ淡々と一緒に過ごすということをしていました。

当時は、病気を持っている親が急に入院することになったりすると、子どもたちはなかなか安心して過ごす場がなかったのだろうと思います。

現在は子育ての自助グループや地域の関係機関と連携した応援ミーティングなど、浦河での子どもを取り巻く支援のネットワークは昔よりは充実しています。そのおかげか、べてるで育った子どもたちには社会的によく言われる「逆境の連鎖」のような現象はそれほど見られないと思います。

べてるの理念に「苦労を取り戻す」や「それで順調」というのがあります。かつては精神病を患うと閉鎖病棟で一生を過ごすことも珍しくありませんでしたが、浦河では地域を生活の場とし、人間としての当たり前の苦労を取り戻すということを実践してきました。人生はそれ自体が「苦労」に満ちていますが、べてるの人たちは「それで順調」と言って語らい、自分の助け方を「研究」しながら暮らしています。

そして、ずいぶん前から、べてるのメンバーたちは地元の学校などで、そうした自身の経験を子どもたちに語っています。

「これからみんなも順調に親が鬱陶しく感じたり、学校に行きたくなくなったり、人間関係で悩んだり、眠れなくなったり、不安になったり、生きていることが嫌になったりするでしょう。でもそれはあってはならないことではなくて、人が困難な状態から回復に向かおうとするなかで経験する、大切な苦労のプロセスなんだ」ということを伝えています。

そしてそんな時に大事にしていることは、「相談すること」、「語ること」、「研究すること」です。浦河で育った子どもたちには、きっとそういう「苦労するセンス」がいくぶんか育まれているのではないかなと思っています。

「あいうえお」

私が生まれた一九八三年に、べてるの代表的メンバーである早坂潔さんが浦河の精神科病棟を退院して、後に「べてるの家」と呼ばれることになる住居に住みはじめました。二〇二三年で私は四〇歳になり、潔さんもべてるに来て四〇年になります。

なので、その潔さんと一緒に浦河の焼肉屋さん「Dank（感謝という意味）」で四〇年のお祝いをしました。他にも何人かのべてるの仲間が集ってくれました。

私はそれこそ物心つく前から長い時間を潔さんたちと一緒に過ごしてきました。潔さんはみんなから「潔ドン」、私は「のりんぼ」と呼ばれていました。子どもの頃は夏休みとかになると二人でバスで札幌まで行ったりもしました。

いま自分も親になってみて思うのは、当時の私の両親はよくそんなことをさせていたなということですね。

私自身はべつに当時から心配も不安も持っていませんでしたが、いまみたいに携帯もないし、送り出したらもうどこでなにをしているかわからないのに、調子がいいわけでもない潔さんと旅行に行かせるわけです。いま小学生の自分の息子を同じような状況で行かせるかと問われたら、いろいろ心配してしまうだろうと思います。

潔さんとのつき合いで、私が一番困ったのは、なんと言っても一緒に台湾に行ったときです。私と潔さんはずっとホテルで相部屋でした。慣れない海外での交流がストレスになったのか、潔さんが日に日にハイテンションになってきて、ついには薬を飲んでも夜眠れなくなってしまいました。一晩中ずっとわけのわからないことを言いながら部屋をウロウロしたり、詰め寄ったりしてくる。日本語がわからない台湾の人から見ても、明らかにおかしい人です。台北駅では警備員に目をつけられてしまって、ややこしいことになる前にみんなで必死に逃げました。

国際電話で主治医の川村先生に相談しましたけど、日本に帰らないことにはどうにもならない。ガタガタと震える潔さんをなんとかみんなでなだめながら、航空会社の人にも適当な言い訳して、とにかく予定していた便に乗りこんで、無事に成田に着いて、その日のうちに成田日赤に入院しました。

この台湾からの「成田入院」で、その年に行われたべてるまつりの幻覚＆妄想大会で潔さんは初めてグランプリ賞を獲ったのでした。

四〇年のお祝いの席で、潔さんはカルビをたらふく食べながら「病気になって五〇年、べてるに来て四〇年」と言っていました。それはそのまま、これまでのべてるの歩みとも重なります。

潔さんが住んだ浦河教会の旧会堂が「べてるの家」と呼ばれるようになり、潔さんが下請けではじめた昆布作業がみんなの事業へと成長していきました。仲間は増え、組織や活動は大きくなり、日本の精神保健の発展にも少なからぬ影響を与えてきました。

潔さんがどういう人かというのは、関連する書籍や講演録にたくさん紹介されていますので引用したいと思います。だいたい四〇年くらい前のエピソードで、話しているのは父です。

早坂潔さんと同じ屋根の下で暮らす中で、私は本当に鍛えられました。早坂さんは、どういうわけかどんどんご飯を食べなくなる。そして、だんだん痩せて来て、何かに脅えるようになる。声をかけるとテーブルをひっ

くり返したり、突然壁に突進したりしてぶつかってみたり、ガラスを割ってみたりということがはじまりました。もちろん本人もつらかったと思いますが、私達もどう対応したらよいか本当に試行錯誤でした。その都度病院に連れていって、彼は保護室に入りました。そしてだんだん安静になり退院する。でもまた、時間がたつと同じような事が繰り広げられていく。

どう彼とつき合って良いのか、なぜ発作を起こすのか、なぜ暴れるのか、本当に試行錯誤しました。うちの長男の宣明が彼の頭をピコッと鳴るハンマーでたまたま叩いたら元気になったものですから、「あっこれは効くんじゃないか」とべてるの茶の間にそのアンパンマンのハンマーに「川村Dr推薦 早坂潔発作防止装置」と書いてかけておきました。早坂さんがいつも調子悪そうになると「ハンマー、ハンマー」といって彼の頭をピコッと叩くと彼は「うわっ」と言って「あー効いた、効いた」と言って、そんなものに頼ったりしていました。

ある時、彼が発作で固まってしまって寝返りできずにいたら血行障害で腕が二倍くらいにはれ上がってしまって、しかもそういうときは煙草も吸わせてはいけないんですが、煙草の火が指を通りすぎて火傷をしても彼はそのまま離さずに握っているのです。そんななかで、私達も本当に疲れ果てていたときに「潔ドン、歌うか、歌うか」。まさか、歌えるなんて思ってもいません。「歌うか」。そしたら、煙草の火で火傷しても気がつかないくらいの混迷状態の彼が、突然賛美歌を歌い出しました。

「いつくしみ深い～ 友なるイェスは～」

私はびっくりしました。本当に閉ざされた中で、もがこうと思ってももがけないなかで、彼は賛美歌だけ歌えた。「あー、彼も苦しんでいるんだな」「彼自身がもがいているんだな」と思えました。

それから少しずつ、彼が自分の思いを外に出すという事がもしかしたら大切なのかもしれないと思うようになりました。今までは彼は「分裂病だ」とか、いろんな病気を言われていました。実は、彼の両親はいつも喧嘩が絶えなくて、父さんは酒を飲んでは暴れ、子供の前で母さんを殴ったりして、その母さんもまたアルコール依存症でした。そんな両親は兄弟を分けて離婚してしまった。そして、一緒に暮らしはじめた母さんもまもなく癌で亡くなりました。学校では、他の子供達と離されて特殊学級に入れられてしまった。それがものすごい劣等感になって「ちきしょう、負けてたまるか、バカにされてたまりか」という、そういう闘争心で自分を支えて生きてきて、自分の寂しかった気持ちをずっと押し殺して生きてきた人なんだとわかってきた。その自分の抱えた思いが表に出ないときに、彼は発作を起こしていたということが、だんだんとわかってくる。それが、彼自身が我が事としてわかってくるまで一五年かかりました。それまでに彼は一六回の入退院を繰り返しました。

（中略）

本当に「信じる」ということは、決して信じやすい形で、信じるに値する形で私達のところには来ないというのが私の学んだ事です。「信じる」とか、「愛する」とかは、もっとも愛しにくい形で、もっとも信じにくい形でしか私達のところには来ない。もっとも愛しにくい、もっとも信じにくい形でもたらされた事のなかで、私達は「にもかかわらず」その中でそれを信じぬく。それを愛しぬくという事が私達のなかで問われているわけです。早坂さん達が「それは、そういうもんなんだよ」と教えてくれたように思います。

以上、引用終わり。

べてるでは調子が悪い状態をよく「ぱぴぷぺぽ」と言っていますが、それは潔さんが東京の山手線に乗っていたときに調子が悪くなって「ぱー!ぴー!」と叫んでいたことが由来となっています。

実は、潔さん発祥の言葉はもうひとつあって、それが「あいうえお」です。漢字を当てると「愛飢え男」ですね。

幼少期から家族関係で苦労してきた潔さんは、誰よりもその場に「愛」が充足しているかどうかにとても敏感な人です。

福祉の様々な活動や実践の基底に「愛（Love）」を据えるということは出来るでしょうか。

基本的人権や法に基づいてというのはよくありますが、「愛」なんて語るのは医療でも福祉でもないと言う人もいるかもしれません。

ナラティブアプローチの研究者で学芸大学の野口裕二先生も昔は「愛なんて言ったらおしまい」くらいに思っていたと言っていました。これまで専門知はネガティブな感情を取り除くことばかりに目を向けて、「愛」みたいなポジティブな感情は積極的に避けてきたそうです。それは「個人的」に調達してくるものであり、感情中立的に振る舞うのが専門家であるということだったのかもしれません。

オープンダイアローグで知られるヤーコ・セイックラさんの「Healing Elements of Therapeutic Conversation: Dialogue as an Embodiment of Love」（二〇〇六）という論文がネット上で読めます（https://www.researchgate.net/publication/7340797 Healing Elements of Therapeutic Conversation Dialogue as an Embodiment of Love）。日本語で読みたい人は、医学書院から出ている『オープンダイアローグとは何か』の一

四九Ｐ～「治療的な会話においては、何が癒す要素となるのだろうか　愛を体現するものとしての対話」を読んでください。

以下、一部引用です。

私たちは彼らの対話をサポートし、もっと感情を自由に表せるよう励まし、治療コミュニティのなかで新しい共有言語の生成を促します。ネットワークそれ自体が、困難な状況を切り抜けて前進していくためのやり方を見つけられるようになるのです。治療プロセスにおいては、ある種の経験がターニングポイントになることがわかってきました。その経験とは以下のようなものです。分かち合い一体となりつつあるという強い集団感情、あふれ出すような信頼感の表明、感情の身体的な表現、緊張が解け身体がくつろいでいく感じ、などです。ちょっと驚くのは、私たち治療者自身が強い感情に巻き込まれてしまうことも、ここに含まれるのです。そのとき私たちは「愛」の瞬間に立ち会っています。それを「篤い信頼」と呼んだり、もっと中立的な言葉をあてはめる人もいるでしょう。しかし私たちは、ミーティングの重心を「介入」から「対話」へ移す際に、特殊な治療法よりも、人間の基本的価値（たとえば「愛」）を重んずる方向へと歩を進めてきたのでした。

以上、引用終わり。

まさにこのような場面をべてるでは今まで何度も経験してきているんじゃないかと思います。

「ネットワークそれ自体が、困難な状況を切り抜けて前進していくためのやり方を見つけられるようになる」というのも当事者研究が目指しているところとそのまま重なります。

従来型のアプローチから重心を「対話」へと移すということは、すなわち「人間の基本的価値（愛）」を重んずるということであると言っています。この論文の別の項では、「体験可能な唯一の孤独の超克は、他者との合意のうえに成り立つ現実、すなわち愛を通じて成し遂げられる」（マトゥラーナ）、その「愛」とは、別にロマンティックなものとかではなくて、「意味を共有する世界」に参加することで生まれる反応だとも書いています。

普段あまり意識されないかもしれないですけど、「愛」とは「人間の基本的価値」なんですね。「愛」とか言うと「なに甘えてるんだ」とか言い返されそうですけど、そういうことではないのです。

私たちは生活の基本的なインフラ（電気とか水道）が滞りなくある時は気にもとめていませんよね。でもそれが何らかの理由で絶たれると一気に困窮してしまいます。たぶん「愛」とはそんな人間の基礎を支えているものなのでしょう。

逆に言うと、形式的な○○療法だけをやっていても、そこには「Healing Elements（癒しの要素）」が欠如しているかもしれないということです。

つまり、ここでの「対話（Dialogue）」とは何かと言うと、それは「愛（Love）」の条件であるということです。セイックラさんの論文のタイトルは「Dialogue as an Embodiment of Love」ですよね。「as」は「＝」という意味なので、つまり「Dialogue（対話）＝an Embodiment of Love（愛の体現）」ということです。

なにも支援者はクライアントに「愛」の感情を持って接しなさいというような陳腐なことを言っているのでありません。もちろん「愛」が不足するから病気が発症するとか「愛」があれば病気が治るとかそんな単純なことを言っているのでもありません。

「愛」とは「対話的関係」のなかに「宿り」、そしてそのなかでこそ「安定」すると言っているのです。

英語の文法に「自分自身（myself）」などを意味する「再帰代名詞（Reflexive Pronoun）」というのがありますよね。「愛」っていうのはその原理から言って、自分ひとりで生み出せるものではありません。そこには必ず「他者」が必要で、「愛」というのはその他者を介して「再帰的（Reflexive）」に生まれるものであると思います。

そこに例えば暴力とか拒絶があると、「再帰性の失敗」と言われる状態になってしまう。「対話（Dialogue）」において重要なのは、きっとその「再帰性」をうまく「機能」させることなのです。

当事者研究のキャッチフレーズが「自分自身で、ともに」なのもたぶん偶然ではなくて、そうした「再帰性」が意識されていたはずです。

先に紹介した学芸大の野口裕二先生は『ナラティブと共同生』（青土社）のなかで、当事者研究はそれまでなかった新しい「再帰的自己」を形成していると書いています。それも「個人的」にではなくて、みんなの力で「共同的」にやっているので「共同的再帰的自己」ですね。

べてるのメンバーたちが元気な秘訣はここにもあるのかもしれません。

行き当たりバッチリ

時々、父やべてるのメンバーたちが東京に来て、スケジュールに少し余裕があると、急遽小規模の集まりが催されることがあります。急な告知にも関わらず参加していただいている方々には大変感謝です。

べてるでは、こういう感じで予定になかったイベントや集まりを急にやることが多いですが、そのワークショップの内容もまたほとんどあらかじめ決まってはいません。はじまってみないとどういう展開していくのかわからないことがほとんどですね。

実は普段の講演などでも、打ち合わせをしたとしてもその通りになることはまずないので、会場の様子などを見てほぼ即興でやっていくことが多いと思います。だからこそ生まれるライブ感というものもあるでしょうけど、最近ではそのような感じを「行き当たりバッチリ」と表現しています。

「行き当たりバッチリ」ということは、「目的地」がどこにあるのかまだ誰も知らないということだと言えます。「目的」が定まっていないので、展開の仕方もまだ定まっていない。

誰が発言し、どんな反応やリアクションがあり、それによってどう展開するか、どのようなテーマが中心になるのか、誰もわからない。

なので、それで気が楽だと言う人もいれば、決まってないことが多すぎて心配だという人もいるでしょうけども、「行き当たりバッチリ」とはつまり「自由」であるということだとも言えますね。

哲学者の國分功一郎さんが出された本で『目的への抵抗』(新潮文庫)というのがあります。そのなかでハンナ・アーレントを引用して、「目的」が定められると、原理的に「手段」が正当化されるということを述べています。

「目的とはまさに手段を正当化するもののことであり、それが目的の定義にほかならない」(ハンナ・アーレント『人間の条件』)

「目的」と「手段の正当化」。別の言い方をするなら「合理化」ですね。「目的」が定まれば、どのような行動や選択が「合理」であるかも定まります。

いくら金をかけてもいいから最短時間で目的地に着くことが「目的」となればジェット機をチャーターすることは「合理的」だし、いくら時間をかけてもいいから経費をできるだけ安くして目的地に着くことが「目的」となれば数週間かけて徒歩やヒッチハイクで行くこともまた「合理的」なことですね。

そして、「目的」の設定次第で、他国民の殺傷行為や自国民の収容所送りと虐殺をも「合理化」されるということです。

「必要を超え出て、目的からはみ出す活動は、目的に奉仕する限りで、目的に抵触しない限りで認められる。おそらくそのような社会を、〈いかなる場合でもそれ自体のために或る事柄を行うことの絶対にない人間〉の社会と呼んでも間違いではないでしょう。それが不要不急と名指しされたものを排除するのを厭わない社会の本性ではないでしょうか」（『目的への抵抗』一八五 p－一八六 p）

子どもが学校の宿題や勉強に手をつけず遊んでばかりいると怒られるのは、「目的」に抵触するからでしょうかね。

怒っている大人の側にとって、我が子が学業を効果的に修めることの先に期待しているのは社会的なポジション争いにおいて優位になることでしょうから、その「目的」に抵触するレベルの遊びは許されない。

逆に、認知機能が上がるとか、プログラミングが身につくとか、英語が聞き取れるようになるといったことが宣伝されていて、「目的」に叶うことが期待されるような遊びやアクティビティはそうした大人からも許容されやすいでしょう。

そして、ここで私たちが求めたいのは「自由」です。

「目的のために手段や犠牲を正当化するという論理から離れられることができる限りで、人間は自由である。

人間の自由は、必要を超え出たり、目的からはみ出たりすることを求める」（『目的への抵抗』一九五p）

私にとっても、私の周囲の人たちにも、「自由」を行使し、「自由」を享受しながら幸福追求をしていくことが大事だと思いますし、それは「目的」から逸脱する「自由」、「目的」の「他律」になっている生活ではなく、「自由」と内発的な「自律」「自発」の生活を大事にするということです。

その意味で、最近のべてるの新しいキャッチフレーズ「行き当たりバッチリ」は、そうした「遊び」と「自由」と「無計画さ」とその場のリアルタイムの人々の「内発性」の尊重を実践するための大事な言葉と言えるかもしれません。

安心して絶望する

べてるを語るキーワードに「弱さ」というのがあります。

「強さ」で連帯している人たちは世の中たくさんいます。会社の多くはそうです。能力があるから採用されて、そうじゃなければリストラされたりするわけですから。反対に、べてるでは「弱さ」が大事だと言われています。たしかに人は「弱さ」を抱えた存在です。でも、べてるではメンバーを「弱者」として想定しているかというと、それはちょっと違うと思います。そこはむしろ逆なのです。

精神障害を抱えた当事者は絶えず管理されたり、いつも世話されたり、指示されたりしなければいけない存在ではありません。「当たり前の苦労」を取り戻し、自分の言葉で語り、自ら仲間と連帯しながら生きていく、一人ひとりがそんな「力を備えた存在」として尊重されるのです。

「弱さを絆に」とか「非援助の援助」とか「苦労を取り戻す」の基調にある「モード」はこんな感じではないだろうかと思います。

育児や教育についても同様のことが言えるかもしれません。子供を「弱者」と想定することは容易です。ある意味においては実際にそうかもしれません。

たいていの場合、そこから強く求められるのは「ふつう」になることです。それは生物の生存戦略として考えれば別に間違ってはいません。それゆえに、この「ふつう」圧力は非常に強力なのです。

ＮＨＫでミシェル・フーコー（フランスの哲学者　一九二六－一九八四）の生涯について放送されているのを見ました。ご覧になった方もいるかもしれませんが、よく知られているようにフーコーは自身の同性愛という性的嗜好についてずっと苦悩していました。そこから生まれた考察のひとつが「標準」をめぐる「権力」の研究です。医療は医学に基づいて、教育は教育学などに基づいて実践されていると思いますが、そうした「学術的な知」や「制度的な知」は人間の身体と精神を「標準化」させようとする不可視の装置であると論じたのです。

フーコーはそうした自身の苦悩を背景にしてか、最初の学術的テーマに「狂気」を選びました。そして、それまでの社会の見方を覆す多くの論考を発表していきます。

「狂気は白日のもとで大いに活躍していた。『リヤ王』も『ドン・キホーテ』もそうだ。しかし、それから半世紀も経たないうちに、狂気は押し込められてしまった。強制収容の城塞の中で、『理性』と、道徳の諸規則と、それがもたらす彩のない暗がりに縛り付けられてしまったのである」（ミシェル・フーコー『狂気の歴史』新潮社）

聖書を読むと「悪霊に取り憑かれた人」が登場してイエスがそうした人々と対話をして癒すという話が出てきますが、「狂人」とは「罪」の具体的なあり様として社会的に理解されていました。なのでそうした人たちが身近にいることは自然なことであり、宗教的には有意義ですらあったと思います。

それが、政治や制度から宗教的な考えが分離され、人間主義的視点が確立してくるにしたがって、フーコーの言う「大監獄時代」へと突入していきます。世界から聖霊や悪魔が追放され、街には「標準」的な人間だけが住むようになりました。そして、霊的な存在と一緒に「標準から外れた人間」もまた組織的に排除されるようになったのです。そこには「狂人」だけではなく、あらゆる障害者や病人、同性愛者なども含まれていました。

「狂気に対する新しい感受性が生まれたのである。宗教的ではなく社会的な感受性が。狂人が中世の人々の風景にしっくりなじんでいたのは、狂人が別世界から到来するものだったからである。いま、狂人は都市における個人の位置づけに関わる『統治』の問題として前景化する」（『狂気の歴史』）

一七九三年八月二五日、医師だったピネルはパリのビセートルに収監されていた「狂人」を鎖から「解放」したと言われています。「ピネルの解放」と呼ばれる出来事です。フーコーはこの象徴的な「聖人伝説」を「解放」ではなく、「精神医学」という「新しい権力」のはじまりであると述べたのでした。

それまで「正常／異常」を判断していた「権力」が「医療」にシフトしただけだと言うのです。「狂気」とは「病気」であり、「治療」の対象であり、そのための「精神医学（新しい権力）」が生まれたのです。

「収監」ではなく、医師による「治療」ということになったのですから、とても人道的になったように思うかもしれません。でもそうではありません。「剥き出し（ハード）の権力」が「ソフト」になっただけで、それは「非権力化」を意味しません。むしろ「精神医学」という「医療」を介して徹底的に権力が行使されるようになったとフーコーは言います。

「人々は狂人の自由意志の行使をさまたげていた鎖を解く。だがその結果として、この意志（ヴォロンテ）を医師のほうの意思（ヴルワール）のなかへ移しかえて遠ざけることによって、それを狂人からうばっている。以後、狂人はまったく自由であるが、自由からまったく排除されているのである」（『狂気の歴史』）

毎年五月一七日は「国際反ホモフォビア・トランスフォビア・バイフォビアデー（ホモフォビア＝同性愛に対する嫌悪）」なんだそうです。それは一九九〇年の五月一七日にＷＨＯが採択する「ＩＣＤ10（国際疾病分類第一〇版）」から「同性愛」が削除されたことから記念すべき日となったようです。

今でこそＬＧＢＴなどは社会的な理解が進んできていますが、ひと昔前までは精神医学のなかでは「治療」の対象でした。どこに向かって「治療」するのかというと、それは「標準（ふつう）」ということになります。

フーコーは、その「標準（ふつう／正常）」とは何かを線引きし、あらゆる人間活動を分類するのが「知の営み」であり、ゆえに「知」とは「権力」的に機能すると言ったのです。

では、そうした「権力」の関与を望まないとき、人はどうするでしょうか。

それは「語らない」ことです。

本当のことを話してしまうと、それは異常なこと、あってはならないこと、矯正しなければいけないこととして、「標準化」の「権力」が入り込んでくる。だから人は「語り」を封印してしまうわけです。

でもそれって当然ですよね。浦河で長年みんなの主治医をしている精神科医の川村敏明先生はかつて講演のなかでこう語っています。

「精神病の人たちが自分を語るときに、圧倒的な迫力というか、逆にいろいろな失敗談がとてもユニークで、時に腹をかかえるほどおかしいというのはありました。でも医者の前では言わないです。幻聴がきついことも、ソーシャルワーカーのところで言うんです。これは、当時の患者さんの当たり前の知恵です。医者の前で本当のことを言うな、看護師さんに本当のことを言うとちゃんと医者にも伝わって、まだ幻聴聞こえているのか、じゃ退院決めていたけど、もう一ヶ月くらい様子をみようということになってしまう。外泊、取り消して様子をみようということになってしまう。患者さんのことを考えると、病気のことを考えると医者は堂々と外泊も退院も止めるだろう。それが当時、医療者の当たり前のあり方だったんです。でも相談室に行くと『大変だったね』、『生活の面では困ったことないの?』『また相談に来てね』とか、相談に乗ってくれて、話をして安心して帰れる。また困ったときには、相談に行く。医者のところでは本当のことは言わない、言えないという状況なんです。僕は、当時それが、すこし寂しかったですね。ただ、私も患者さんの立場だったらそうするだろうなと。医者には言わないで、ソーシャルワーカーのところへ行くなと思いました。だって、安心ですもの。そういう問題一つ、当時は受け止めきれなかったというのはあります」

べてるでは「三度の飯よりミーティング」と理念で謳われるくらい「語り」や「対話」を大切にしてきていますが、大事なのはその「語り」を査定し、矯正しようとする「権力」がないことです(浦河も医療や制度が介在しないわけではないので、「〈脱〉権力」ではなくて「〈弱〉権力」くらいでしょうか)。

「標準化」の圧力を受けることなく「安心して病気が出せる」とか「安心して絶望できる」ような関係性のネットワークのなかにあるとき、はじめて豊かな「語り」や「対話」が起こってくるのではないかと思います。

（本章は「べてるのウェブマガジン ホップステップだうん！」（https://note.com/bethelnoie/magazines）に掲載された原稿を再構成しました）

二部　つながる

四章　わたしが「ダメ。ゼッタイ。」ではダメだと思う理由

〜Addiction（依存症）の対義語はConnection〜（繋がり）

SHIGETAの学校での講演

松本俊彦
医師　国立研究開発法人 国立精神・神経医療研究センター 精神保健研究所 薬物依存研究部 部長

はじめに

私は薬物依存症を専門としてる精神科医ですが、私の立場から、この薬物依存症をどう考えるのかということをみなさんと一緒に分かち合えればと思っています。私が「ダメ。ゼッタイ。」ではダメと思う理由、アディクション（依存症）の対義語はコネクション（繋がり）という、ちょっと大きな風呂敷を掲げた話なんですけども、少し話を始めたいと思います。

覚せい剤からみえてくるもの

最初に図1、注目してください。これは私どもが行っている、全国の精神科医療現場で、薬物に関連する精神医学的な問題で治療を受けた方たちが、主にどのような薬物を乱用しているのかを示したものです。だいたい二年に一回調査をしているんですけれども、この調査によって、医療の現場で問題になっている薬物がなんなのか、それぞれの薬物がひき起こす健康被害はいかほどなのか、ということがわかるかと思います。注目してもらいたいのはいちばん上の部分です。これはなにかというと覚せい剤ですね。みなさんもいろんなところで聞いたことがあるかと思いますが、わが国の法律で規制されている薬物の中で、最も深刻な問題となっているのは薬物、覚せい剤なんですね。精神科医療の現場でも、この薬物依存といえば、半数ぐらいはこの覚せい剤の問題で困ってる方たちが治療を受けているという状況があります。しかし、国内に存在する覚せい剤依存症の人たちの中で、このような医療にアクセスして治療を受けている人は全体のごく一部です。大多数はどうしているかという

わが国の精神医療現場における
覚せい剤の経年的推移

(松本ら: 全国の精神科医療施設における薬物関連精神疾患実態調査2010年
2012年、2014年、2016年、2018年)

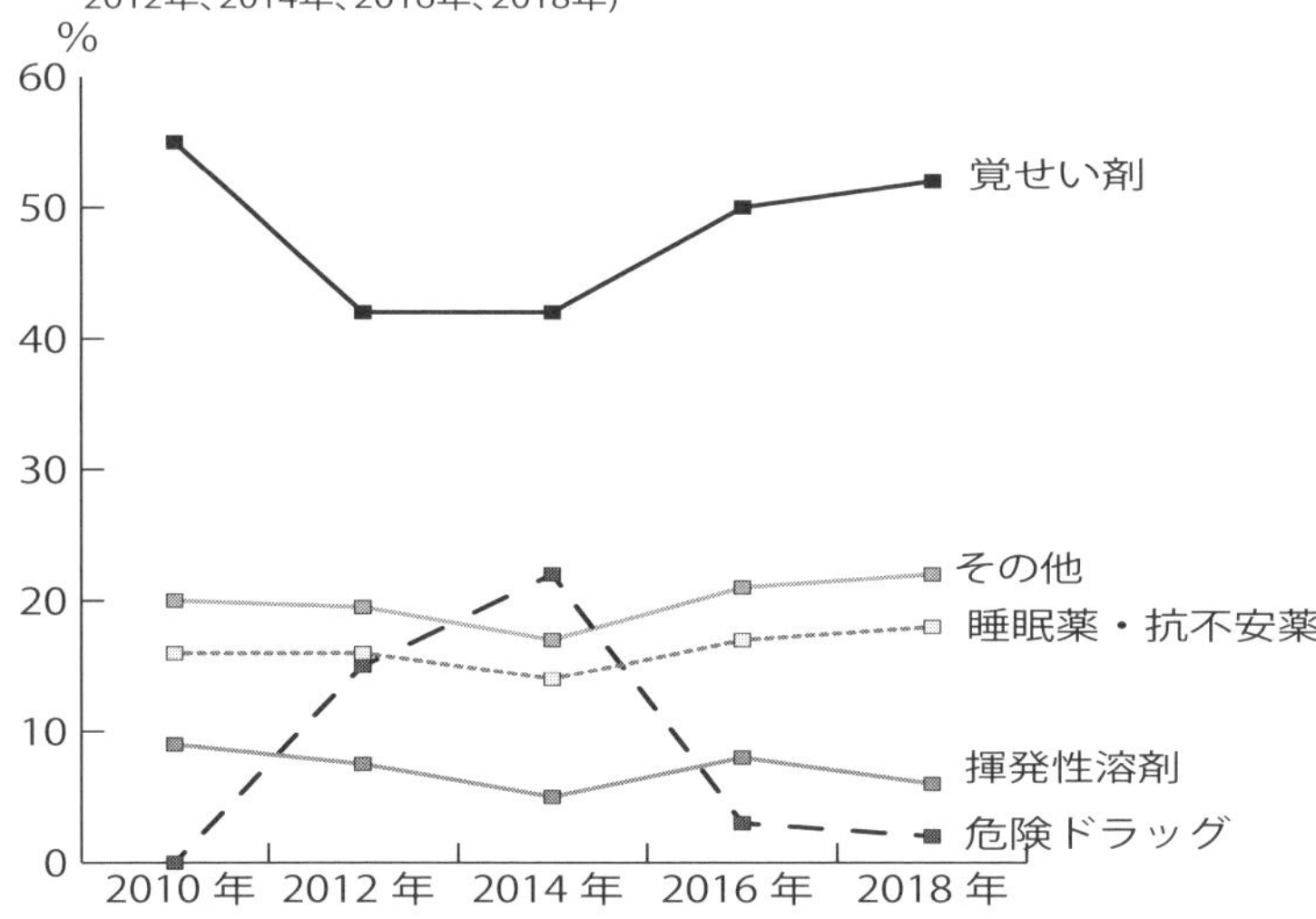

図1 わが国の精神医療現場における覚せい剤の経年的推移

と、刑務所にいるわけなんです。

図2に示したのは法務省の犯罪白書から取ったものなんです。さまざまな犯罪があるなかで、再犯率、刑務所で刑に服したんだけれども、出たあと、再び刑務所に戻ってきてしまう。要するに再犯をしたから戻ってくるわけなんですけれども、どのような犯罪がいちばん再犯率が高いかというと、グラフで示したように、覚せい剤取締法違反者がいちばん再犯率が高いんですね。だから、覚せい剤依存症は再犯は多いんだって言うんだけれども、見方を変えれば、刑罰ではあまり効果がないから再犯を繰り返しているんじゃないかとも言えるわけなんです。そういう意味では、本当に薬物問題は刑罰一本でいいのかということをぜひみなさんに考えていただきたいと思っています。

刑罰が効果がないだけならまだしもなんですけど、もしかすると刑罰が悪い結果をもたらしている可能性はないのかということもちょっと考え

同じ人が何度も受刑している
覚せい剤取締法事犯者5年以内の再入率
（法務省編：犯罪白書）

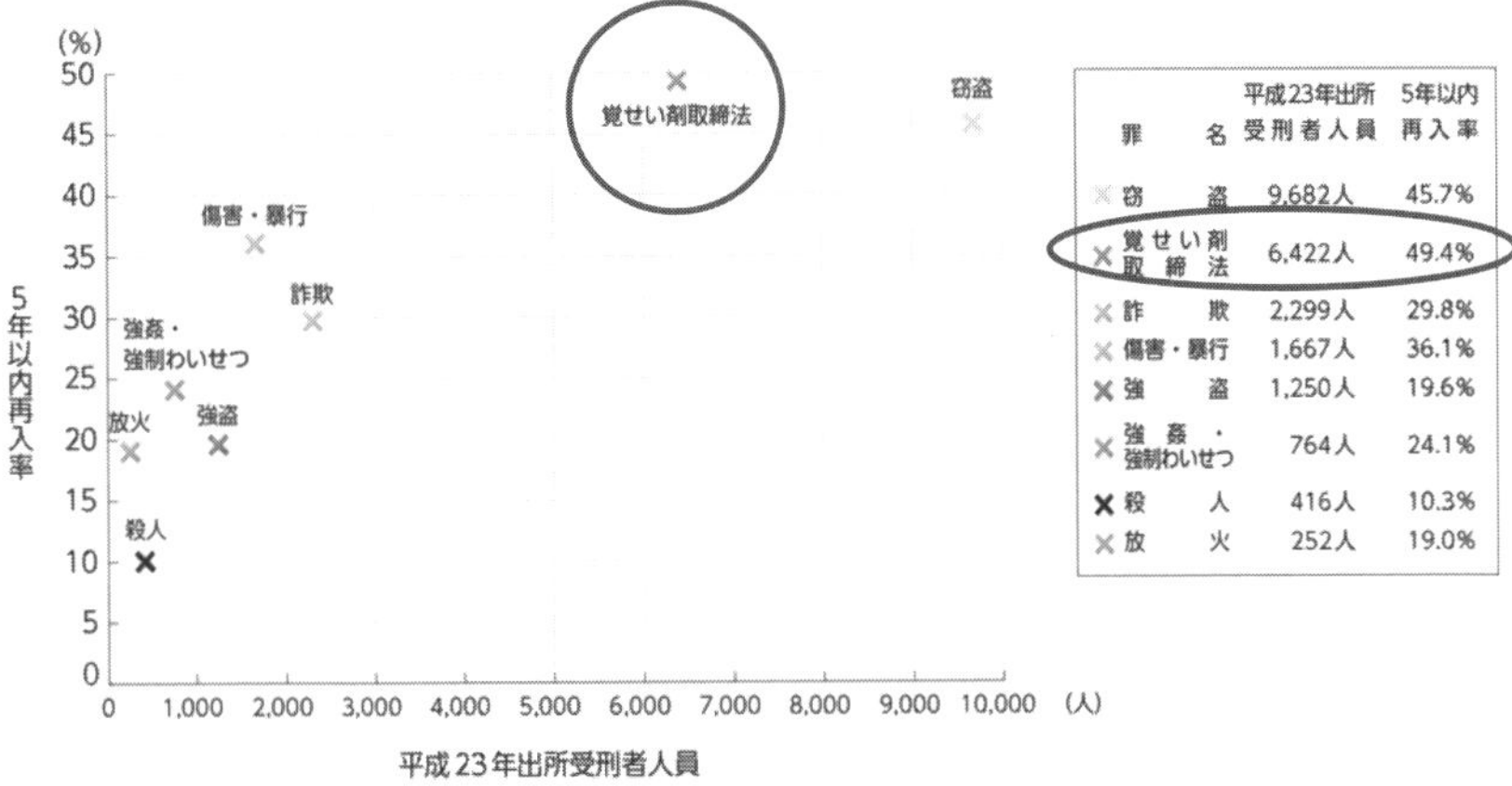

図2　覚せい剤取締法事犯者5年以内の再入率（法務省編：犯罪白書）

てみる必要があります。これはですね、私が所属している薬物依存研究部の研究員が分析したものなんですけれども、覚せい剤取締法違反によって全国、日本全国の刑務所に服役している人達、刑務所に入るのが一回目の方もいれば、二回目、三回目、四回目の方もいるわけなんですが、刑務所服役回数が多くなるに従って、薬物問題はどのように変化しているのかを調べてみました。そうすると、この薬物問題の重症度を測定する尺度があるんですね。ＤＡＳＴ－２０[注1]というものです。この尺度の得点、服役回数が多くなればなるほど得点が高くなります。つまり薬物問題が重症化しているわけなんです。当たり前と思うかもしれませんね。何度も入っている人ほど依存症が重篤なんじゃないの？だから当然でしょ。って思うと思う

注1　薬物乱用・依存の重症度を測定する尺度で、過去12ヶ月間における薬物使用に関する経験を回答します。

んですが、しかし、このDAST－20のどの得点が高くなってるのかを調べてみると、社会的な問題、つまり仕事が見つからないとか、家族や友達との関係が破綻しているなどの、社会的な問題ばかりがどんどん高得点化していくんですね、決して依存症そのものの欲求が、薬物に対する欲求が強いとかですね、何度やめようと思って決意してもまた手を出しちゃうというよりは、むしろこの社会的な問題が大きい。

薬物使用による社会的問題の深刻化

家族や友人、あるいは仕事の問題、仕事が見つからないとか、このような社会的な問題がどんどん深刻化していってるんです。これはなにを意味しているかというと、刑務所に入るたびに社会的な孤立が深刻化しているということなんです。だから刑務所を出たあとに普通の社会生活を送ろうと思っても、友達に電話をかけても着信拒否、家族からは縁を切られている。仕事を見つけようと思っても、履歴書を見て空白の部分をつっこまれて、実は刑務所にいってました、なんて話したら、じゃあもうダメね、という感じになっているんです。つまり、服役することによって、孤立が深刻化している可能性を示唆していると思います。

それからもう一つですね。羽間（はざま）京子先生といって、もともと保護観察官で、現在は千葉大学の教授をされている先生が、やはりこの法務省のデータを使って解析をしました。覚せい剤取締法で刑務所に入って、仮釈放がついて刑務所から出てくるわけですね。出てきて保護観察所につながるんですが、そうやって刑務所に出てきた方が、地域で普通の社会生活を営む中で、再び覚せい剤を使ってしまって、刑務所に戻ってきてしまう。そのことを予測する要因はなにかということを分析しました。いくつかの危険因子が同定されたんですが、そのいくつかを示すと、まず以下のことがわかりました。

覚せい剤取締法違反で服役して刑務所出てきた方。これまでの人生の中で刑務所に服役した期間のトータルの年数が長ければ長いほど、再び捕まって刑務所に戻ってくることがわかりました。それから、これまでの人生の中で刑務所に入った回数が多ければ多いほど、再び刑務所に戻ってきてしまうことがわかりました。つまりこのことは、刑務所に入れば入るほど捕まりやすくなる、とも言えるかもしれません。もちろん薬物問題が重症だから、また捕まってしまうんだよっていう言い方もできるかもしれないけれども、少なくとも刑務所が役に立っているとは言えない。それから、先ほどの社会的な孤立が深まるということを考えてみると、もしかすると服役したことが足を引っ張っているかもしれないという可能性を示唆しています。そして、私自身がこの研究結果でいちばん注目したものはなにかというと、薬物の問題とは別に、うつ病とか統合失調症とか、あるいはＰＴＳＤ[注2]とか、発達障害とか、パーソナリティ障害とか、知的障害とか、このような、広い意味での精神医学的な問題を別に抱えている人ほど、再び捕まって刑務所に戻ってきやすいということが明らかにされたわけです。

つまり、薬物依存が重症で、他にも精神医学的な問題を抱えている人が刑務所にどんどんたまって、沈殿し、蓄積していってしまうということなんです。精神科医療の歴史を紐解いてみると、かつてヨーロッパでは精神障がい者は犯罪者と一緒に刑務所の中に入れられていました。刑罰によって精神障害の問題を解決しようとした時期がありました。しかし一八世紀の終わりに、フランスの精神科医フィリップ・ピネルという人が、この人たちは病

注2　心的外傷後ストレス障害（Post-Traumatic Stress Disorder）。災害、暴力、深刻な性被害、重度事故、戦闘、虐待などにより生じたトラウマ（心的外傷）による症状。

気なんだ刑務所にいるべきじゃないと言い、足につけられている足かせ、鎖を解いて、そして病院のほうに移した。これが精神科医療のはじまりとされています。

しかし二一世紀のわが国では、未だに、精神医学的な問題を抱えている方たち、刑罰よりも治療が必要な人達が刑務所に入っている可能性はないのか、そういうことを我々は改めて考えてみる必要があるかと思います。

危険ドラッグ

さて、再び、図1のグラフに戻ります。全国の精神科医療の現場で治療を受けている薬物の問題を抱えている患者さんたち。今度は破線の部分に注目してもらいたいと思います。この部分は、脱法ハーブをはじめとした、いわゆる危険ドラッグです。みなさんも数年前、脱法ハーブを使って国内各地で交通事故を起こしたり、いろんな事件が起きたのを、まだまだ生々しく記憶されているんじゃないでしょうか。我々の調査では、二〇一二年ぐらいに、いきなり忽然と、この脱法ハーブをはじめとした危険ドラッグを使っている患者さんたちが現れはじめて、二〇一四年にはさらに患者さんが多くなりました。しかしながら国が、二〇一二年以降さまざまな規制戦略を行っても、なかなかうまくいかなかったけれども、最終的にはすべての販売店舗を撲滅することによって、一応表面上は沈静化しています。このような規制強化が、実際にはどのような結果をもたらしたのかについて、我々は考えてみる必要があると思います。

私どもが行っている、先ほどから再三示している全国の薬物問題を抱えた患者さんたちのデータベースを用いて、規制が強化される前の二〇一二年と、規制が強化されたあとの二〇一四年とで、危険ドラッグを使った患者

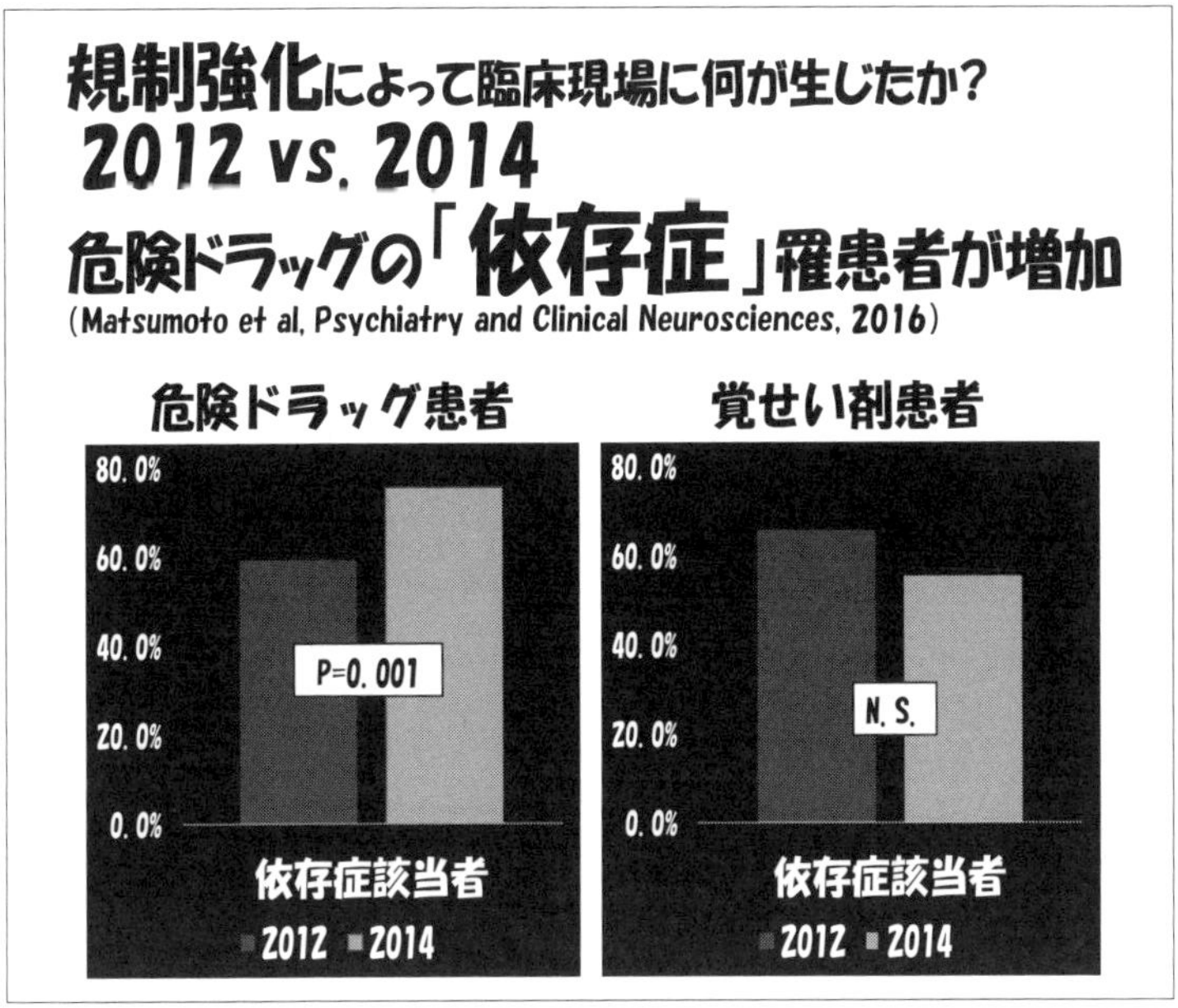
規制強化によって臨床現場に何が生じたか？
2012 vs. 2014
危険ドラッグの「依存症」罹患者が増加
(Matsumoto et al, Psychiatry and Clinical Neurosciences, 2016)
危険ドラッグ患者
80.0%
60.0%
40.0%
20.0%
0.0%
P=0.001
依存症該当者
2012 2014
覚せい剤患者
80.0%
60.0%
40.0%
20.0%
0.0%
N.S.
依存症該当者
2012 2014

図3　危険ドラッグ患者の規制強化後の推移と覚せい剤患者

さんたちの中で、依存症の診断に該当する方たち。つまり、自分の意志ではやめられない方たちですね。そういった、「やめられない、止まらない」「どうにもならない」という患者さんたちが、規制強化前と規制強化後でどのように変わったのかを調べています（図3）。

そうすると、規制を強化した後のほうが、依存症の診断に該当する方の割合が増えてるんですよ。対象外として、同じ時期、覚せい剤の患者さんたちで、依存症に該当する方たちの割合を調べてみると、統計学的に有意差はないんです。特に覚せい剤に関しては規制の程度に何も変化はありませんから。しかし規制強化をガンガン行った危険ドラッグに関しては、「このやめられない止まらない」に該当する人が増えてるんです。どういうことかというと、いくら規制強化をしても、それを使うことが犯罪になってしまい、犯罪者として捕まってしまう恐怖を乗り越えてまでも使ってしまう人ってどんな人でしょうか？依

規制強化によって臨床現場に何が生じたか？
精神・神経症状の変化
全国8箇所の専門病院で治療を受けた危険ドラッグ関連障害患者864例の検討
(Funada, Matsumoto, et al: Neuropsychopharmacology Report, 2018)

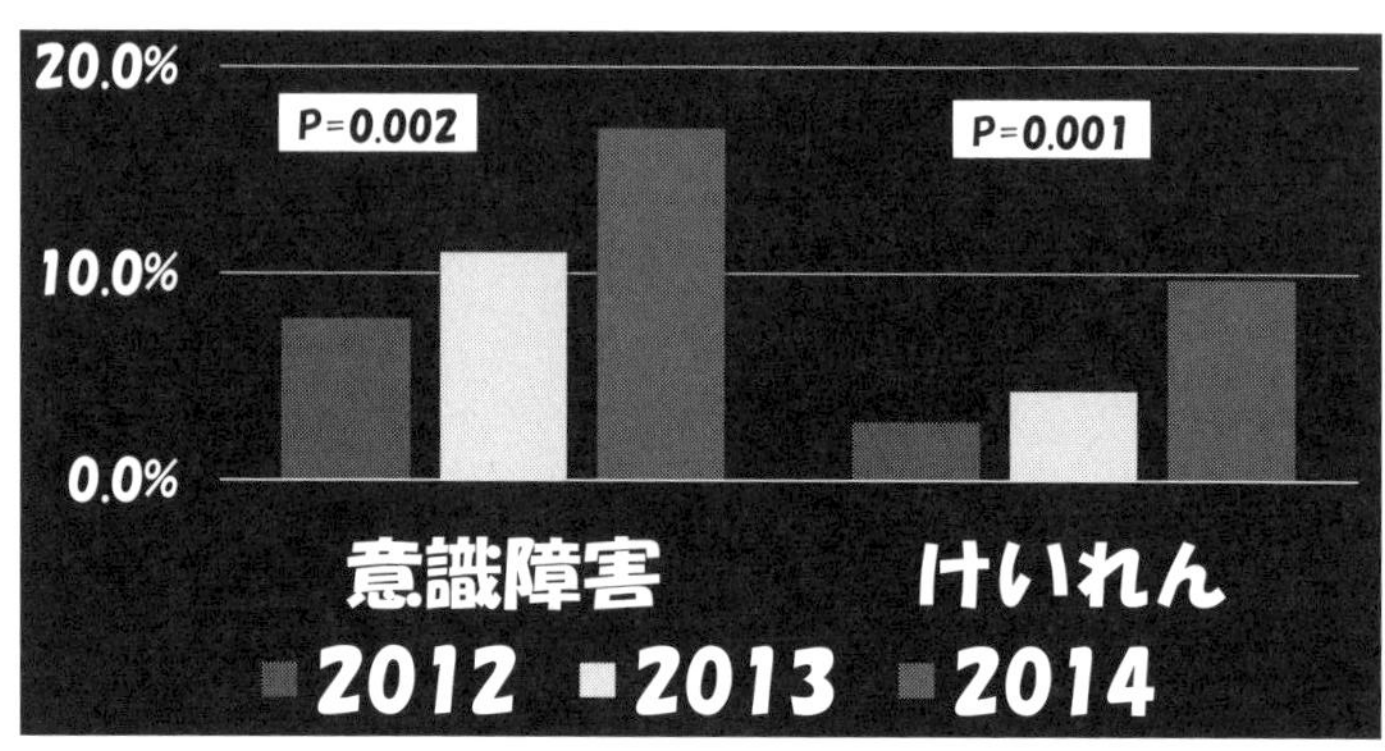

図4　危険ドラッグの規制強化による精神・神経症状の変化

存症の人です。だから依存症の人達に対して刑罰を強化することはほとんど意味がないということをこのことは示しています。

それだけではありません。国内八か所の薬物依存症の専門病院に協力してもらって行った調査なんですけれども、この危険ドラッグの問題で専門病院に来た方たち。その初診地点で示していた症状が、この規制強化に伴って、どのような変化を示したのかを調べてみると（図4）、精神的な症状には変化はないんですが、神経学的な症状、神経内科的な症状に変化があります。たとえば昏睡状態になったり、失神状態になったりするという、意識障害が年々増えています。それから強直間代性の全身痙攣などのてんかん発作ですね。これを示す患者さんたちも年々増えています。精神症状であれば、我々精神科医はなんらかの形で対応できます。しかし神経症状は、ときとして命に関わるんですよ。このような危険症状、危険な症状が、規制強化に伴ってどんどん増えてるんですね。

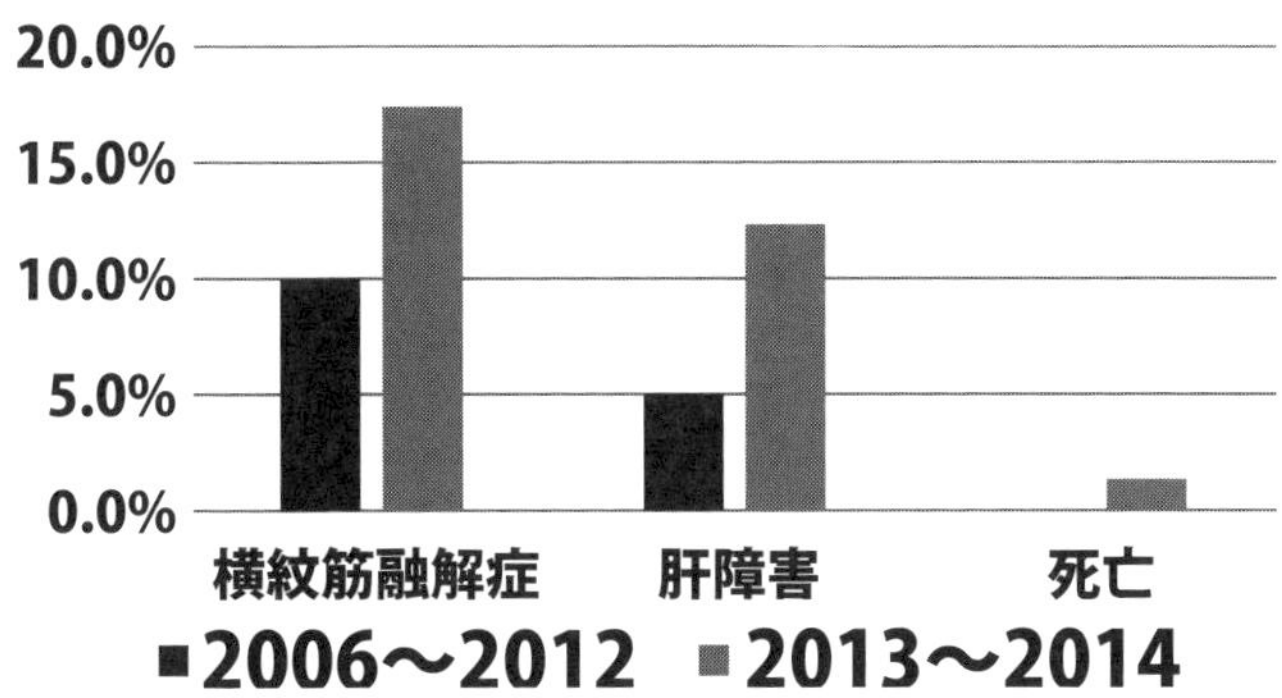

図5　規制強化によって臨床現場に何が生じたか？

規制が深刻化をもたらす

さらにショッキングなデータがあります。全国の救命救急センターに、危険ドラッグを使って救急搬送されてきた患者さんたち。この危険ドラッグを使うことによってしばしば生じる身体的な障害はどのようなものかというと、一つは横紋筋融解症です[注3]。それからもう一つは肝機能障害です。これを、規制強化、規制が厳しくなる二〇一二年以前と、規制が厳しくなった、規制強化がなされた二〇一三年以降で比較してみます。そうすると、横紋筋融解症にしても、肝機能障害にしても、規制強化後のほうが増えてるんですよ。さらに、規制が厳しくなる前は、救命救急センターに搬送されて、救命しえなかったケースはなかったんですけれども、規制強化を厳しくしてからは、救命しえないで、救命救急センターで死亡が確認されるケー

注3　骨格筋を構成する筋細胞が融解・壊死し、そのまま放っておくと、起き上がることや歩行が困難になり、腎不全などを合併して死に至ることもある。

スがで始めてるんです（図5）。これはとても大事なことです。むやみやたらな規制強化はなにをもたらすかというと、使用者個人の健康被害を深刻化させ、社会に対する弊害を大きくする。実際に国内各地で脱法ハーブを使って交通事故を起こす案件は、二〇一四年から急増しています。脱法ハーブを吸引して車を運転し、人ごみに突っ込んで八人が死傷した池袋の事件、あの暴走事件も二〇一四年の六月に起きてるんですよ。実際に私自身も薬物依存症の専門外来で診療しながら思っていたのは、規制強化が加わるたびに、やってくる患者さんたちの症状が深刻化していったことです。どんどんひどくなっていったんです。中身がどんどんヤバくなっていきました。

規制の網の目を潜り抜けるために、どんどん危険ドラッグの化学構造に変化を与えるたびに、もはやそれは薬物ではなく毒物に変わっていってしまったんです。考えなしにむやみやたらに規制強化することが、かえって被害を深刻化させるということは、歴史に前例があるんです。

もっとも有名な前例は、一九二〇年から一九三三年の間、米国において行われた禁酒法です。あの禁酒法が行われた一三年間、アメリカ国民のアルコール問題はまったく問題が解決しなかったことがわかっています。それどころか、反社会勢力が酒の密売をしたために、アルカポネをはじめとした反社会勢力が巨利を得たということがわかっています。それだけではありません。反社会勢力が密造するお酒なので、クオリティが低いんです。エチルアルコールのほかに、工業用のアルコール、たとえばメチルアルコールが含まれた密造酒が出回ってしまって、それを飲んだ人が失明をしたり、死亡したりするという、深刻な健康被害が続出したんです。このことから、公衆衛生的な戦略として、規制を強化するということは、一つの方法としてはありなんだけれども、考えなしに行うと、コミュニティを危険にさらすということが明らかになったわけです。

薬物問題に対する三つの柱

今日、国際的に、薬物問題に取り組むときには、この三つの柱が大事だと言われています。一つはサプライリダクション（供給低減）です。供給を減らすこと。これは、課税をしたり、取り締まりを強化したり、密売人を摘発すること。法律によって規制することです。これはもちろん必要です。必要なんだけれども、ただこれだけではダメだということもわかっています。

二つ目は欲しがる人を減らすこと、デマンドリダクション（需要低減）です。欲しがる人ってどんな人かというと、たとえそれが違法行為であっても、隠れてやっちゃう人、つまり依存症の人なんですよ。この依存症の人こそが欲しがる人。この人達を減らすためにはどうしたらいいかというと、依存症の治療、あるいは回復支援に力を入れることが必要なんですよ。そうしなければ欲しがる人は依然欲しがり続けるわけです。そして、それでも、依存症の治療をしっかりやっても、やっぱりなかなか薬を使うことが止まらない人がいます。

三つ目にそういう人達にどういう戦略が必要かというと、ハームリダクション（害悪低減）なんですね。ハームリダクションとは、どうしてもやめられない人、どうしても使いたい人は一定の割合でいる。その人達が使ったとしても、その人の健康被害を最小限にする。あるいは、コミュニティに対する弊害を少しでも減らすことです。こういうような戦略が必要なんだということが言われているわけです。

まずこの三つの柱を頭の中に入れておいてください。さて、ここで少し、また別の観点で、この規制強化の弊害も触れておきたいと思います。確かに危険ドラッグは危険な薬物でした。でも一つだけめちゃくちゃいい点があったんですよ。医療アクセスがすごく良かったんです。ほとんどの患者さんは、はじめて危険ドラッグを使ってから、一年以内で専門病院に来てました。中には一ヶ月、二ヵ月で来てる人もいました。その人達は我々がダルク[注4]を紹介しても、自助グループを紹介しても繋がりませんでした。あるいは、病院で行っている依存症の回復プログラムに繋げても、それも面倒くさいですといって繋がりませんでした。しょうがないから通院だけ続けなさいということで言うと、わかりましたということで、しぶしぶ通院するといったところがせいぜいでした。でもとても予後が良かったんです。治療を開始して一年後、多くの方たちが薬物をやめていたんです。

一方、覚せい剤の違法薬物を使っている方たちは、はじめて覚せい剤を使ってから専門病院に繋がるまで、平均してどのくらいの年月が経っているかというと、平均すると約一五年と言われています。一五年間まったくなにも問題がなかったわけではありません。その証拠として、何度も刑務所にいっています。でも病院と繋がってないんですよ。覚せい剤の常習者たちは、お腹が痛くても、足を骨折しても、なかなか病院にいこうとしません。なぜだかわかりますか？　病院にいって、血液検査や尿検査をされて、覚せい剤を使っていることがバレてしまったら、医者が警察に通報するんじゃないかと、それが怖くてなかなかいけないんです。そして治療を開始しても、予後を調べてみると、一年経った時点でも薬をやめている方は、多く見積もって三割から四割なんです。危険ドラッグの人に比べると、覚せい剤の人はすごく治療成績が悪いんです。なんで危険ドラッグの人はこんなにも治療アクセスが良くて、しかも専門的な治療プログラムには参加していないんだけれども、予後が良いんでしょうか？　それは、早く治療アクセスするから。早くアクセスするということはなにが良いかというと、まだ家族

注4　ダルク（DARC）とは、ドラッグ（DRUG＝薬物）のD、アディクション（ADDICTION＝嗜癖、病的依存）のA、リハビリテーション（RIHABILITATION＝回復）のR、センター（CENTER＝施設、建物）のCを組み合わせた造語で、覚せい剤、危険ドラッグ、有機溶剤（シンナー等）、市販薬、その他の薬物から解放されるためのプログラム（ミーティングを中心に組まれたもの）を行っている。

との関係が壊れていない。友達や恋人との関係もそのまま。戻るべき職場もあるんです。脱法ハーブがなんでこんなにも早く治療にアクセスできるかというと、違法ではないからなんです。犯罪にされていなかったからなんです。だから安心して治療とか相談にいくことができる。逆にいえば、規制を強化することは、当事者やそのご家族を治療や相談から遠ざけてしまう、阻害させてしまって、社会の中で孤立させる可能性があるんだということも、我々は頭の中に入れておかなければいけないと思います。

薬物依存症になるのは意志の弱い人か？

ところで、人はなぜ薬物依存症になるのでしょうか。このことに答えられる人はどのくらいいるでしょうか？実は、お医者さんだって実はなかなかわかりません。というのも、医学部六年間の教育課程の中で、薬物依存症に関して勉強する時間は、長く見積もって九〇分だけです。六年間の中で九〇分だけなんですよ。精神医学の中の一コマとして教育されるだけです。ちなみにいえば私はその九〇分さえもサボってしまったので、医学部ではまったく薬物依存症については勉強していません。そういう意味では、国家資格を持っている専門家ですら、ろくなことは知らない。実は、中学や高校で受けている薬物乱用防止教育のトータルの時間のほうが、今の専門家が受けた教育よりはるかに長いんです。

では、中学や高校で行われている薬物乱用防止教育は、薬物依存症になるメカニズムをどのように教えられているでしょうか。だいたいこんな感じです。依存性薬物を一回でも使うと、そのめくるめく快感、薬物が引き起こすめくるめく快感、これが脳の報酬系に記憶され、刻み込まれ、もはや取り去ることができなくなってしまう。だから一回やった人はもうそれで脳がハイジャックされた状態になって二回目を使ってしまう。そして四回目を使って薬物依存症になってしまう。だから最初の一回は「ダメ。ゼッタイ。」こういう風に教わるわけです。

今言ったメカニズムを専門的な用語でいうと、正の強化、ポジティブ・レインフォースメントと言うことができるかと思います。めくるめく快感、これがご褒美、報酬となって、薬物を摂取するという行動を学習するわけです。でも本当に、この正の強化で正しいんでしょうか？　一回やったら依存症になるんでしょうか？　ある海外の研究によれば、過去一年以内に一回でも覚せい剤を使ったことがある人のうち、依存症の診断に該当する人がどのくらいかというと、約一五パーセントと言われています。八五パーセントは依存症になってないんです。実際に少し試したけれども、そのあと一回もやってないとか、若いときにちょっとやんちゃして何回かやったけれども、そのあとは関心がなくなっちゃったという人は世の中いっぱいいるんですよ。そもそも、人間ってめちゃくちゃ飽きっぽいですよね。どんなおいしいものでも、どんな楽しいものでも、どんな気持ちが良いものでも、手を伸ばせばすぐにそれを享受することができる、そういう環境だとあっという間に飽きてしまいます。だからこそ、面白いお笑い芸人が出てきても、しょっちゅうテレビに露出していると、みんなに飽きられて、一発屋で終わってしまうんですよ。

だから、考えなければいけないのは、なぜ一部の人が飽きずにその行動を繰り返すのか、そこなんですね。あるいは依存症になりやすい人はどんな人なのか、どんな状況にある人が依存症になりやすいのかです。かつてはこんな風に言われてました。意志の弱い人が依存症になる。本当でしょうか？　だってアルコール依存症の人も、薬物依存症の人も、なかなかやめられなくて、まわりの人からぶん殴られたり、さげすまれたり、いろいろ嫌な思いをしてます。刑務所にも何回も行っています。でもやめてないんですよ。意志が弱いどころか、めちゃくちゃ意志が強くないですか？　だから意志の問題じゃないんですよ。

依存症になる条件とは

じゃあどんな条件がある人が依存症になりやすいのでしょうか？　興味深い実験があります（『本当の依存症の話をしよう』星和書店、二〇一九年）。

オスメス同数のネズミ、三二匹、トータル三二匹ですね。それを用意します。そしてその三二匹をランダムに二つのグループに分けます。一つ目のグループは、一匹ずつ檻の中に閉じ込めます。他のネズミと一切コミュニケーションがとれない、とても窮屈で孤独な場所です。エサや水は決められた時間に決められた量しか与えられません。このようなグループのネズミです。牢屋にいるようなネズミ。

それからもう一方のグループは、一六匹まとめて一箇所に集めました。ネズミたちのために作った人工的な楽園に置いたんです。この楽園の広さは、ネズミたちを閉じ込めてるグループの檻の大きさの約二〇〇倍の広々とした場所です。そして床にはおがくずが敷かれていて、ふかふかしてとてもあったかいです。エサや水は欲しいときに欲しいだけ摂取することができます。そしていろん

本当の依存症の話をしよう
スチュワート・マクミラン、監修・松本俊彦、小原圭司、訳・井口萌娜、星和書店、二〇一九年

人を依存症にするのは孤立
「ネズミの楽園」実験
(B・アレグザンダー, 1978)

植民地ネズミ　楽園ネズミ

スチュアート・マクミラン作画・著 松本・小原監訳「本当の依存症の話をしよう −ラットパークと薬物戦争−」（星和書店, 2019）より転載

図6　閉じ込めれれたネズミと楽園ネズミ

なガラクタが置いてあります。このガラクタで遊んだりじゃれあったり、いろんなことをします。しかもオスメス同数が同じ場所に閉じ込められてるわけです。

何が起きるかというと、ネズミたちはあっという間に恋におちます。ネズミたちは人間のようにまどろっこしい駆け引きはしません。恋におちるやいなや交尾を始めます。夢中になって交尾をし、交尾に飽きると今度はどうするかというと、パートナーを変えて別のパートナーと交尾を始めます。乱交パーティの状態、あるいはビバリーヒルズ青春白書のような感じですね。今度はこっちとこっちが付き合ってるの？ みたいな、順列組換え、そのような、文字通り酒池肉林みたいな状況です。

この二つのグループ（狭い檻に一匹ずつ閉じ込められたネズミと広い檻に一六匹入れられたネズミ）のネズミに二つの飲み物を与えま

す。一つは普通の水です。もう一つはモルヒネ入りの水です。モルヒネはご存知のように麻薬です。覚せい剤よりもはるかに薬理学的な依存性は高いです。しかし、モルヒネをそのまま水に混ぜると、苦くて、まずくて、とても飲めた代物ではありません。そこで、ネズミたちが飲みやすいように、大量の砂糖シロップを入れて、甘露(かんろ)なモルヒネ水を作ります。この二つの飲み物を、二つのグループのネズミたちに与えて、五七日間観察します。そして五七日後、どちらのグループのネズミのほうが、このモルヒネ水を好むネズミの数が多いか？　こういう実験です。

どちらだと思います？　やはり乱交パーティ状態で好き放題やってるネズミ、もう退廃と享楽の極み、そこにモルヒネ水がさらに加わって、いわゆるキメセク（快感をさらに得るために薬物を使用してセックス）っていうんですか、ものすごく地獄絵図のような、退廃的な風景を呈する、そう思うかもしれません。

でも実際の結果は、圧倒的に一匹ずつ檻に入れられたネズミでした。この檻の中に入れられたネズミ一六匹中一六匹が普通の水よりもモルヒネ水を好みました。しかもモルヒネ水の消費量は、この実験中どんどん増えていきました。とにかく麻薬ですから、耐性が生じやすくて、同じ効果、同じ快感を維持するためには、量を増やさなきゃいけなくなる。あまりにも量が増えて、これはまずいと思って、実験する側が途中から砂糖シロップを除きました。にも拘らず、苦くてとてもまずいモルヒネ水を、檻の中のネズミたちは飲み続けたんです。

一方、楽園に置かれたネズミたちは一六匹中一五匹がモルヒネ水を好まずに、最初だけちょこっと試すんだけど、あとはずっと普通の水を飲んでました。おそらくこの一五匹のネズミたちにとっては、モルヒネのもたらす酩酊感や快感よりも、仲間たちとのインタラクションやコミュニケーションのほうが楽しかったんだろうと思います。

こんな状態でモルヒネ水を摂取したら、ラリッてしまって足腰が立たずに、乱交パーティの相手が見つからない、モテ度が下がってしまう。そのことを危惧したのかもしれません。一匹だけモルヒネ水に対して嗜好を示すネズミはいました。しかしながら、檻の中のネズミに比べると、モルヒネの消費量は二〇分の一以下だったことがわかっています。このことは、なぜ一部の人が依存症になるのかということの答えのヒントをくれるような気がします。もちろんネズミと人間は違うんですけれども、ヒントはくれる気がするんです。

人を依存症にさせるのは孤立

つまり、依存症になりやすい人というのは、他の人とのコミュニケーションの輪から外れて、孤立していて、そして自分の裁量のきかない、息苦しい不自由な、そういった環境や状況に置かれている人、もっとざっくり言ってしまえば、しんどい人のほうが依存症になりやすいということを示しているとは言えないでしょうか。つまり、先ほど言った正の強化ではなく、負の強化こそが、人を依存症にさせるメカニズムなんです。負の強化とはどういうことかというと、薬物を摂取すると、以前からずっと悩んでいた、痛みや悩みが一時的に消えるんです。苦痛が緩和されること、これが報酬となるってことなんです。

快感だったら飽きるかもしれません。しかし、以前からずっと悩んでいた苦痛がいっとき和らぐ。これは飽きないと思います。手放せないと思いませんか？　自分が自分であり続けるために、なくてはならないものになってしまうのではないでしょうか。こう考えると、私自身が、およそ二五年近くにわたって、この薬物依存症の臨床に関わってきてずっと思っていたことが、まさにこれなんだと、つまり負の強化、これが報酬となるという考えです。

依存症の本質

負の強化、これが報酬となるという考えは決して、私のオリジナルの考えではありません。すでに一九八〇年代の半ば、アメリカの依存症を専門とする精神科医、エドワード・カンツィアンが自己治療仮説という名称で提唱した考えでもあります。カンツィアンは依存症の本質は快感ではない、苦痛なんだ。こういうことを繰り返し主張してきました。『人はなぜ依存症になるのか 自己治療としてのアディクション』（エドワード・J・カンツィアン、マーク・J・アルバニーズ著・松本俊彦訳、星和書店二〇一三年）

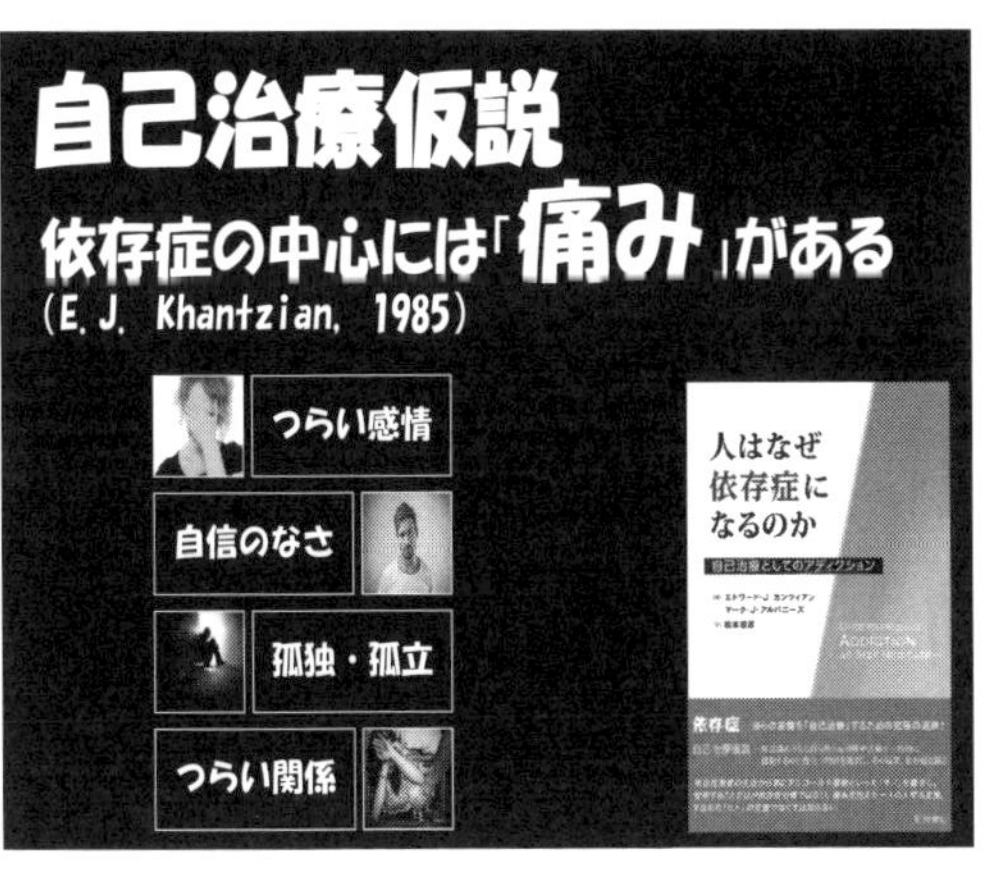

人を依存症にさせるのは報酬ではない、快感という報酬ではなくて、苦痛の緩和なんだ。つまり、辛い気持ち、消えたい、いなくなりたい、死んでしまいたい、でもさすがに今すぐ死ぬのは怖いし、死ぬわけにはいけない、生きなきゃいけない、そのときに薬を使うと、そういった気持ち、辛い気持ちが一時的に遠ざけられる、目を背けることができる。それでハマってしまったり。自分には価値がない、誰も自分を必要としてくれない、これといった取柄もない。しかし薬物を使うと、仕事や勉強のパフォーマンスが一時的に高まって、周囲から評価される。人生で初めて褒められる経験をする。そうすると、自分がここにいてもいいんだよね、っていうことを確認するために、パフォーマンスを高めるために薬が必要になってしまう。

あるいは薬を使うことによって痩せ、人生最大のモテ期を迎える。初めて人から認められる体験をする。昔のダメな自分には戻りたくない、それで気づいたら薬物が出放せないものになってしまう。

家庭にも学校にも職場にも居場所がなかった、自分はいちゃいけない存在なのかな、そう思って夜の街をさまよっているときに、同じような仲間と知り合った。そして、その仲間との、マイノリティの中での絆を深めるためにはなにが必要かというと、共通の秘密が必要。そのときに、内緒なんだけどお前だけに教えてあげるよ、これやらない？って勧められて、その勧められたものを受け入れるか受け入れないかが踏み絵となって、仲間なのか敵なのかが分かれる、その状況で、仲間になりたくて手を出す。薬を使うことによって、孤独や孤立から救われて手放せなくなっている人もいます。

それから、女性のアルコールや薬物の依存症の方たちは、辛い関係に耐えるために使っています。しばしば、その辛い関係の相手は誰かというと、自分にとっていちばん大切で大好きな人です。たとえばパートナーです。あるいは親でもいいかもしれません。その人なしでは生きてはいけないんですよ。でもその人が自分のことを朝から晩までディスったり、ときには暴力を振るうんです。もう逃げ出したい、そう思っても経済力がない、あるいはその人を失うのが怖い。だから辛い関係に耐えるために、アルコールや薬物の力を借りて、その辛いという気持ちを消して、その関係にい続けるわけなんです。

こういう人たちが依存症となって、依存症の専門外来に来てるんですよ。この人たちは、アルコールや薬物を手放したら、あとはハッピーに生きていけると思いますか？　違いますよね。やめ続けるためには、これから先も支援が必要なんです。これこそが、私自身が、この依存症の専門家として、ずっとこの診察室の中で感じていたことです。

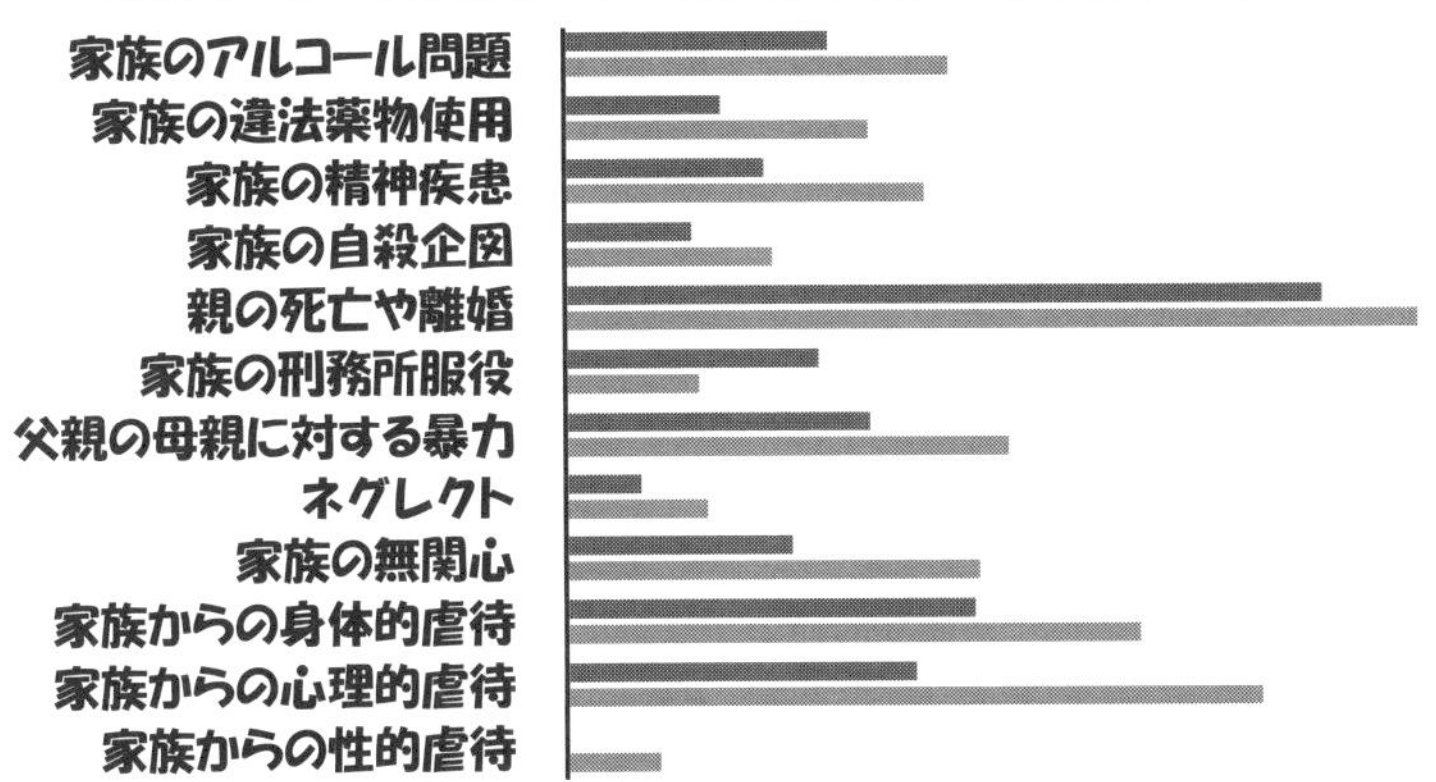

図7　覚取法事犯者のACE：児童期逆境的体験

「安心して人に依存できない病」依存症

少しみなさんに知ってほしいことがあります。私どもが法務省と協力して、共同研究したデータがございます。全国の刑務所に、覚せい剤取締法違反で服役している方たちに、このＡＣＥ（Adverse Childhood Experience）といって、児童期の、小児期の逆境的な体験を調べてみました（図７）。親のアルコール問題、親が違法薬物を使っている、親が精神疾患を抱えていてきちんと養育してくれなかった、親が自殺祈祷を繰り返していた、あるいは親が死んでしまった、あるいは親が離婚した、親が刑務所に入った、あるいはお父さんがお母さんに暴力を振るっていた、それから、親が世話をしてくれなかった、あるいは親から虐待を受けた、この体験を調べてみると、いちいちは数字を申し上げませんが、どう考えても、一般的な人口に比べると、明らかに、子供自体の逆境的な体験が多

薬物依存重症度と
ACE(児童期逆境的体験得点)
(法総研・NCNP 薬物依存研究部　刑務所服役中覚せい剤取締法事犯者の共同研究　2018)

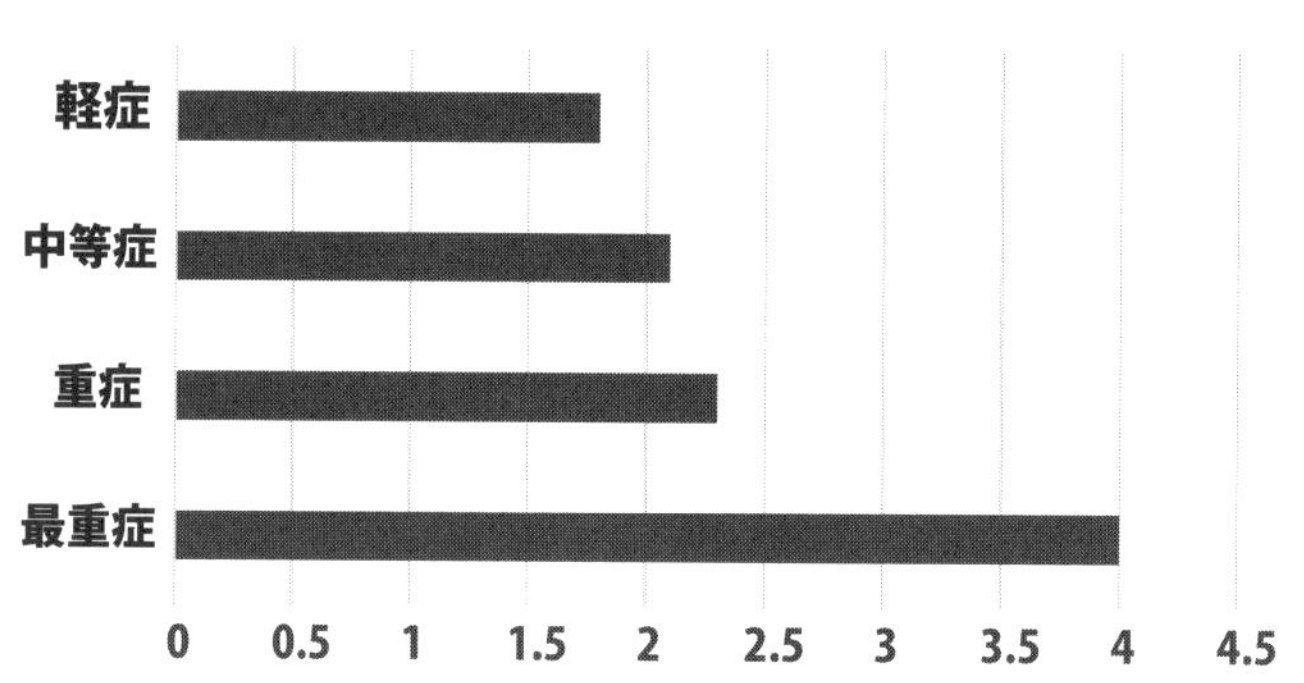

図8　薬物依存重症度とACE（児童期逆境的体験得点）

いんですよ。こういう人達が薬を使っているということをまず忘れないで欲しいと思います。そしてこのような体験を子供時代にしてしまうと、ある独特の心の構えができあがります。その構えは二つに大別することができるかと思います。

一つは、自分自身に対する恥の感情です。セルフスティグマなんていう言葉で言ってもいいかもしれません。自分には価値がないんだ、そういう思い込みが強いので、辛いときにも人に助けを求めたり、相談することができません。なぜなら、自分は人に助けを求めるに値しない存在だからです。

自分は悪い子、いけない子、余計な存在なんだ。だから幸せになってはいけないんだ、そう思って、わざわざと自分を不幸に陥れるような状況に持っていったり。たとえば、誰か自分の恋愛のパートナーを選ばなきゃいけないときに、必ず問題を抱えたほうを選ぶ傾向があったりもします。

それからもう一つは、基本的な信頼感が阻害されます。人を信じることができないんですよ。困ったことがあっても、辛いことがあっても、人にＳＯＳを出せません。なぜなら、人は私を裏切るからなんです。最初は調子の良いこと言って、俺に任せろなんて言ってるけれど、肝心なところになるといなくなるじゃない、でも、人は裏切るけれども、薬は絶対に私を裏切らない。どんな辛い気持ちになっても、人に頼ってもしょうがないけど、薬は確実に私の辛い気持ちを鎮めてくれる。だから薬のほうが大事なんだ、そういう風に思って薬に依存する、薬に頼っていく、そういう生き方になってしまうんです。

さらに、先ほどの、小児期の逆境的な体験が多ければ多いほど、依存症の問題が重篤になることもわかっています（図８）。こういう体験が積み重なれば積み重なるほど依存症が重篤になって、刑罰によって回復しづらくなるんです。こう考えてみると、依存症とはそもそも何ぞや？　といわれたときに、私はこんな風に考えます。実は依存症というのは、「安心して人に依存できない病」だという気がするんです。

別に、依存症というと、依存することが悪いみたいに思われますが、そうは私は思ってません。みんななにかに依存して生きています。仕事終わったあとにビールを一杯飲むのが楽しみで頑張って仕事をしている人もいるでしょう。仕事の合間にコーヒーでカフェインを摂取したり、あるいは煙草でニコチンを摂取したり、そうやって気持ちを切り替えながら、日々のしんどい仕事を頑張っている人もたくさんいると思います。仕事が終わったあとの満員電車の中でスマホゲームに没頭することによって、嫌なことを忘れようとしている人もいるでしょう。でもなによりも、仕事から帰ったあとに、家族や安心できる友達や恋人に愚痴ったりぼやいたりする。そのように人に依存しながら、我々は日々を生きています。

ところが依存症になる人たちは、いろんなものにちょっとずつ依存したりせずに、とりわけ人に依存したりせずに、アルコールや薬物という化学物質だけでなにか、自分の辛い気持ちを緩和しようとするんです。つまり人に依存せずに物に依存してしまう人達です。

そうか、じゃあお前は人に依存できないんだったら俺に依存しろ、俺と共依存になればいいんだ、こういう人が出てくるかもしれませんが、そういう人が出てくると、この人もそんな調子のいいことを言いながら、肝心なところで逃げるんじゃないか、いなくなるんじゃないか。本当にこの人に頼っていいの？そのことが不安で依存しきれません。本当にあなた逃げない？ そのことを試そうとして、わざとしがみついたり、振り回したりします。それを繰り返しているうちに相手の人間はうんざりして去っていってしまいます。やっぱりこの人ダメじゃない。こういう体験を繰り返してきている人達なんです。

繋がり、チームで支える

この人達を支援するときに、我々はどんな点に注意したらいいでしょうか？ それは、一人で支えるのではなく、チームで支える、複数の依存先を作る。つまり、依存の反対は自立ですけれども、本当の自立とはなにかというと、依存先を増やすことなんですよね。そして依存先を増やした状態で、長く依存させること。これがとても大事なことです。しかしながら、この人達を支援の場に、長くうまく依存してもらいながら、関係性をつないでいくことがとても難しかったりもします。

依存症の治療でいちばん大事なことは、どのような治療を提供するかではありません。どうやって治療の場、支援の場に繋げ続けるかなんです。かつて私が勤めていた神奈川県の依存症の専門病院である調査をしました。

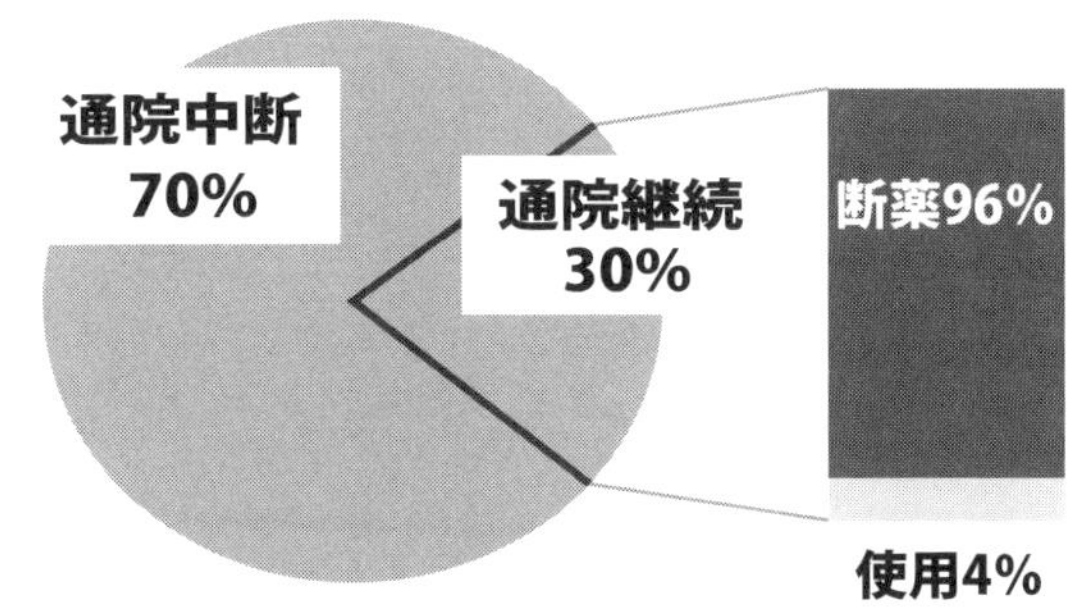

図9　安心して人に依存できない人は治療・支援から脱落しやすい

初めて依存症の専門外来にやってきた方たち、治療開始から三か月後にも治療を続けている人がどのくらいいるのかを調べてみました（図9）。なんと七割が治療を中断していました。一人の依存症の人が、特に覚せい剤のような違法薬物の依存症の人が専門病院に来るまでの間に、どれだけご家族や、あるいは保健所の人達、あるいは逮捕のきっかけに関わった弁護士さんたちが一生懸命背中を押して、どうにかこうにかようやく来てるんですよ。ところが、たった三か月で七割が治療を中断しているんです。病院のほうの治療が疑わしくなるほどです。それでも三割の方たちが通院をしたので、この三割の方に聞きました。絶対に他の人に漏らさないから正直に教えて欲しい。うちに初めてやってきたときから、今日のこの三か月目までの時点で、この三か月間に一回でも覚せい剤を使った？聞いてみると、なんと九六パーセントが一回も使ってないんですよ。こんなことってあると思います？治療開始から三か月間の再使用率がわずか四パーセントというデータを、覚せい剤依存症の方たちの平均的な数値と考えていいでしょうか？　そんなことありません。我々の別の調査では、だいたい七割は使っています。つまり、結局、運よくやめられてる人が、自慢しに病院にやってきてるんです。

医者に褒めてもらいたくて。一回でも使っちゃった人は恥ずかしくて情けなくて、医者から説教されるのが嫌で、あるいは正直使っちゃったと言うと、医者が警察に通報するんじゃないか、それが怖くて治療から去ってるんですよ。我々専門家が本気で助けなければいけないのは、この自慢しにきてる三割でしょうか？　それとも、たった三か月も我慢できずに、一回だけでも使ったがために、恥ずかしい気持ちで治療から去ってる七割でしょうか？　私はこの七割こそが、自分たちのお客さんであると思っています。じゃあこの七割を救うためにはどのようなプログラムが必要でしょうか。

それは、安心してシャブを使いながら通えるプログラムですよね。薬を使いたい、あるいは使っちゃった、使うのがやめられない、こういう風に言っても、誰も悲しげな顔をしないし、誰も不機嫌にならない、自分に不利益なことが起きない、安心安全な場所。それが必要ですよね。薬物依存症の人が薬やりたいなんていうのはすごいことです。だってこれまでは何も言わずにこっそり使ってたんですよ。それをわざわざやりたいというのは、やりたいけどなんとか止めたいからそう言ってるんです。昨日やっちゃいました、って言いにくる。これはすごいですね。確かに失敗しちゃった、けれどもこのままじゃいけない、回復したい、変わりたい、こういう気持ちがあるからやっちゃったって言いにきてるんです。薬がやめられないというのは助けてくれって意味なんです。

私は二〇〇六年にＳＭＡＲＰＰ（せりがや覚せい剤依存再発防止プログラム Serigaya Methamphetamine Relapse Prevention Program の略）という依存症の集団療法プログラムを開発しました。これは平成二八年からは、診療報酬の加算対象です。これを使ってもちゃんと保険が利くようになりました。日本の医療保険の歴史

の中で、薬物依存に特化した医療技術に診療報酬の加算がつくのは、これが歴史上初めてのことです。今国内各地で行われています。しかし、ＳＭＡＲＰＰ[注5]がＳＭＡＲＰＰである本当の理由は、いちばんの特徴はなにかというと、このワークブックを使って認知行動療法をやることではないんです。

安心してシャブを使いながら参加できるプログラム。ここがいちばんのポイントです。ですから、ＳＭＡＲＰＰが目標としているのは断薬ではありません。治療の継続性です。治療からドロップアウトしないこと、これがいちばんの目標です。使っちゃった、って言いにきたら、よく来たね、って褒め

注5　薬物依存のグループ認知療法で、当事者の「依存症を克服したい」という気持ちに寄り添い「薬物依存行動の渇望を引き起こさない」「安心安全に助けを求められる」など、当事者にとって安全な空間づくりを心掛けて、そのような空間での治療の内容は各回に設定されたテーマに対し、ワークブックとよばれる自己認識を高める書式や、少人数制ミーティングによる意見交換を行う。ワークブックでは薬物使用のメリット・デメリットを自ら書き出す。それらの継続によって薬物依存に対する知識を理解してゆき、自助グループ等の支援機関の利用につなげていく。

「つながり」が高まります

より長く、たくさんの支え手につなぎます

（松本班：平成24年度　厚生労働科学研究報告書）

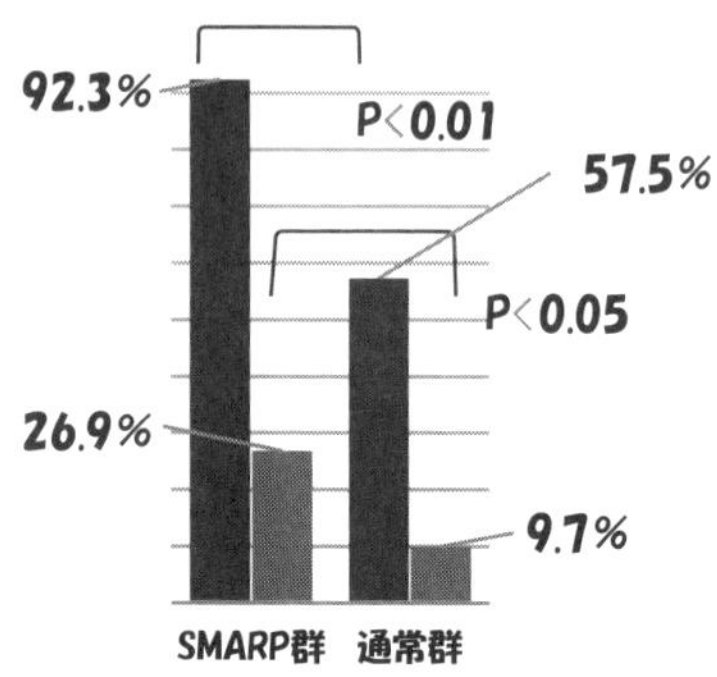

治療継続率　自助G参加率

図10　SMARPPと通常の患者の自助グループ参加率

てあげる。これがとても大事なポイントです。それからもう一つ目標があります。ＳＭＡＲＰＰにつながってるときに、ＳＭＡＲＰＰだけではなく、医療機関だけではなく、自助グループとか、ダルクをはじめとした民間の他の社会資源に繋がることなんです（図10）。より長く、よりたくさんの依存先と繋がること。これが我々が目指してるところです。

孤立させない

さらに、この薬物依存症からの回復を考えるうえで、もう一回みなさんに、先ほど示したネズミさんの実験を紹介したいことがあります。五七日間檻の中でモルヒネ漬けになって、すっかり薬物依存症になってしまったネズミさんを、一匹だけ楽園のほうに移します。楽園の中でさらに二週間様子を見るわけです。最初は普通の水を飲んで、水でハイになって乱交パーティをやっている仲間に入ることができません。群れから一人離れて、むなし

【続「ネズミの楽園」実験】
依存症の支援
＝「孤立させない」
地域社会と治療・支援体制

植民地ネズミ　**楽園ネズミ**

スチュアート・マクミラン作画・著 松本・小原監訳「本当の依存症の話をしよう −ラットパークと薬物戦争−」（星和書店, 2019）より転載

図11　植民地ネズミを楽園に移したあとの変化

く、コソコソとモルヒネ水を吸ってます。でもしばらくすると、その孤独なネズミに、他の乱交パーティグループの連中が関心を持ちます。あの新しく来た新入りのネズミ、よく見るとイケメンじゃね？　とかっていって、ちょっと近づいてみようかと、近づいていってツンツンってやって逃げるような、ピンポンダッシュみたいなことを何度か繰り返します。全然狂暴とかじゃなさそうだよ、なんかちょっといい人風、とかいって。そこでお試しとして、乱交パーティグループに入れられます。結構いいやつじゃんってことがわかって、数日経つと完全に乱交パーティグループのレギュラーメンバーになって、みんなと一緒に乱交しています。そのころから、このネズミに大きな変化が出るんですよ。それまでモルヒネ水を吸っていたネズミは、他のグループのメンバーの真似をして、普通の水を飲むようになるんです。普通の水ばかりを飲むようになります。でも、急にモルヒネをやめるので、激しい禁断症状が出てきます。水を吸いながら痙攣発作を起こしています。でも、二、三日我慢するとその禁断症状もとれて、三日目以降は、どのネズミが元々檻の中にいた薬物依存症ネズミか、もはや区別がつかなくなっています。

このことは、薬物依存症からの回復に重要なヒントをくれると思います。それはなにかというと、確かに薬物依存症を治療するための治療プログラムとか、もしかすると特効薬みたいな薬物療法の開発も必要かもしれないけど、それよりもなによりも必要なのは、彼らを孤立させない、排除しない、そういう地域社会、これが必要なんだということなんです。

何が言えるのか、つまり、今や国際的には、依存症のことについて見方が随分変わってるんです。アディクション、これは酒や薬に溺れた状態、あるいは依存症を意味する言葉です。じゃあアディクションの反対はなに？といったら、当然、酒や薬に溺れていない状態、ソーバー、シラフであること、あるいはクリーン、薬を使っていない状態、かつてはそうでした。でも今はもう違うよねって言われてます。

アディクションの反対はコネクション（繋がり）

アディクションの反対はコネクションですよね。コネクションのない孤立した人ほど依存症になりやすい。そして依存症になるとどんどん孤立が深まってしまう。だからまず最初に、酒や薬は止まらなくてもまずは繋がることです。それが大事なんです。でも日本の社会はどうでしょうか。社会だけではありません、医療機関だってそうです。依存症お断り、薬物使ったらそれは通報します、という慣行で、専門家のほうが支援や治療をネグレクトしてしまう状態なんです。でも、それでも一部の専門病院や自助グループ、あるいはリハビリ施設は、こう

いった人達を受け入れてくれてます。

でも地域社会はそうはいきません。これは実際に京都で起きていることです。京都のダルク、もう二五年前から多くの薬物依存症の方たちの回復を助けてきた機関です。施設を新たに立て替えて、改築して、ちょっと離れた場所に作ったら、地域住民の中でこのような貼紙をする人たちがいたんです。ダルクのある通り全体に、ダルク反対ダルク反対って、あたかも呪いの護符のようにはり巡らされてるんです。実際にこれは私がその場にいって撮ってきた写真です。むしろこのようなことのほうがおかしいのではないかと私は思うんですけれども。そして忘れないでほしいのは、この貼紙がはり巡らされたところを通って、薬物依存症から回復したいと思っている若者たちはダルクに通っているんです。

一生懸命プログラムをしている人たちに希望が見えますかね？　回復をあと押しするような、意欲を盛り立てる要素がここにあるでしょうか？　一つもそういう要素は見つからないですよね。でも一つけあるんですよ、初めてダルクに来る人は道に迷わないで済むという利点だけ。それはあります。でもどうしてこういう偏見が醸成されてしまうんでしょうか。おそらく年配の方たちは三五年あまり前に民放連が行ったこの啓発がまだ頭の中にこびりついてるんだと思います。

覚せい剤やめますか？ それとも人間やめますか？

確かに自分の家の近所に「人間やめた人達」が集団で暮らしてたらそれはおっかないですよね。「覚せい剤やめますか。それとも人間やめますか。」でもこれは三〇年前の啓発です。若い世代は違っているのではないか、そう思うかもしれません。でも、私はそうではないと思ってます。若い世代のほうが、むしろ学校を巻き込んだ組織的な洗脳の被害を受けています。薬物乱用防止教育です。私は数年前まで、文部科学省から委嘱されて、全国高校生薬物乱用防止啓発ポスターの審査員をやってました。各都道府県で、都道府県知事賞をもらった高校生たちの薬物乱用防止の啓発のポスターを、霞が関文部科学省に集めて、最終的に日本一、つまり文部科学大臣賞を選ぶ、その審査をする審査員をやったわけです。

もちろん私は絵のことについてはまったくわかりません。ただ薬物依存の専門家ということで、その審査員の末席を汚していたわけなんですが、しかしつまらない仕事でした。というのも、本当にこれが知事賞をもらったの？っていうぐらい、どのポスターもみんな一緒だったんです。そこに描かれているのは、目が落ちくぼんで頬がこけた、ゾンビやモンスターのような薬物依存者が、両手に注射器を持って子供たちに襲い掛かる、こんな絵ばっかりだったんですよ。

全否定、排除のキャッチコピー「ダメ。ゼッタイ。」がゼッタイダメな理由

このような教育を、一〇代前半のまっさらな脳みそにすることによって、将来薬物依存症という障害を抱えた方たちと地域で共生することを阻むような、偏見とか差別意識とか優生思想の萌芽的なものを子供たちに刷り込んでるんです。このような教育をしていいのかということです。

でも中にはこう言う人もいます。「依存症になったら回復するのが大変だから、とにかく最初の一回を防ぐためには、脅すぐらいが必要なんじゃないか」と。

脅かす教育が最初の一回を防ぐのに役に立っていると思いますか？　子供たちに最初の一回を勧める人達は、ゾンビやモンスターのような顔をしてると思いますか？　まず間違いなくしてません。どんな顔をしてるかというと、あえて言えば、ＥＸＩＬＥのメンバーみたいな顔をしています。カッコいいんですよ、イケてるんですよ、憧れちゃうんです。しかもそのかっこいい大人たちは、これまで自分が出会ったどのような大人よりも、優しくて、話をきちんと聞いてくれて、初めて自分の存在価値を認めてくれた人なんです。お前なかなかイケてんじゃん、仲間になろうぜってくれるんです。普通受け入れますよね。問題とすべきは、それまで、きちんと大人が話を聞いてくれなかった、ということこそが問題であって、子供たちは責められないと思うんで。

つまり最初の一回を防ぐのにも「ダメ。ゼッタイ。」と脅かすポスターは役に立ってないっていうことを私は強調したいと思います。

「ダメ。ゼッタイ。」と乱用防止教育では、このような調子でやっています。曰く、「一回やったら人生破滅」このような啓発によって、いかに多くの当事者や、当事者のご家族が傷ついているのか、薬物の問題を抱えて相

談にいこうかいくまいかと悩んでる人達が、ますます怖くて相談に行けなくなるんです。保健所に相談に行ったら警察に通報されるんじゃないか、と思ってしまいます。

ゼッタイダメなことをしちゃった人が、相談できるわけないですよね。この、「ダメ。ゼッタイ。」という啓発がいかに問題か。かつて、性教育も「ダメ。ゼッタイ。」でした。つまり「セックス、ダメ。ゼッタイ。」でした。でもそういう予防性教育をすることによって何が生じたかというと、一〇代の望まない妊娠をした女の子が誰にも相談できずに命を絶とうとする、そのような事例が国内各地でたくさん起こったんです。ダメって言ってもする人達は一定の数はいるんですよ。その人達が助けを求められるようにしなければいけない、と思います。そもそも、この「ダメ。ゼッタイ。」は、国連が出したYes to Life, No to Drugの和訳なんですよ。人生にＹＥＳと言おう、ドラッグにＮＯと言おう、なんですよ。もしも大学入試でYes to Life, No to Drugを和訳しなさいっていう問題が出て、ダメゼッタイって書いたら、マルもらえると思いますか？半分訳し残してるからまず間違いなくバツですよね。

管理規制の限界

ここに日本の薬物政策の問題があるんです。ドラッグというモノだけを管理規制することだけに注力をして、自分の人生にＹＥＳと言えない人達、その心の痛みをどうやってサポートするか、人を支援するという立場、人間に対する目線がなくなってしまってるんです。これが、この「ダメ。ゼッタイ。」が根本的にダメな理由であると私は思っています。

薬物を規制している方たち、あるいは取り締まりを頑張っている方たちは、薬物をこの世からなくしたい、撲滅したい、せん滅したい、駆逐したい、そういう風に思ってます。そういう話を聞くたびにいつも私はこう答えています。「そんなの絶対無理です。」

どうして無理なんですか？ と言われると、「人間は薬物を使う生き物ですから」と答えています。そう思いませんか。動物の中にも、木の上からたまたま地表に落ちて、そのままほったらかしになって腐って発酵した、果実が発酵してできた天然のアルコールを飲んでラリったりする猿や象やキリンさんの報告は知られています。でも、その自然界の中で発酵したアルコールなどを蒸留して、ウイスキーやウォッカを作ったりする、あるいはその有効成分を抽出し、人工的に化学合成する。そんな生き物ってこの世に存在しますか？

その能力があるから人間はここまでやってきたんですよ。確かに、アルコールから蒸留酒を作り、ケシの花からアヘンを抽出するだけではなく、ヘロインまで作りました。でもその一方で、アオカビからペニシリンを作り、それから柳の木の樹皮からアスピリンを作った。こういう力があったから人間は地球上に繁殖し、寿命をかくも延ばしてきたんです。人間は薬物を使う生き物です。さらに、我々の、直近の全国の精神科医療機関に来ている薬物依存症の患者さんたちのデータを見てみてください（図12）。確かに、覚せい剤がいちばん多いですよ。でも覚せい剤は、四〇代五〇代六〇代の中年のおっさんたちの薬物なんですよ。ちなみに私も五〇代なんですが、五〇代っていちばんガラが悪いですよね。バブルを知ってて。

私は清原和博さんとピエール瀧さんと坂上忍さんと同い年なんですけど、この年代ってガラが悪いんですよ。でも、もう少ししたらこの年代は消え去るでしょう。もっと上の年代を見てください。七〇歳以上のグラフ。確かに覚せい剤も問題ですけれども、同じくらい使用されている薬物、これは処方薬ですね、ベンゾジアゼピンで

違法薬物だけが問題ではない！

年代別　わが国における乱用薬物

(松本ら: 全国の精神科医療施設における薬物関連精神疾患実態調査2018年)

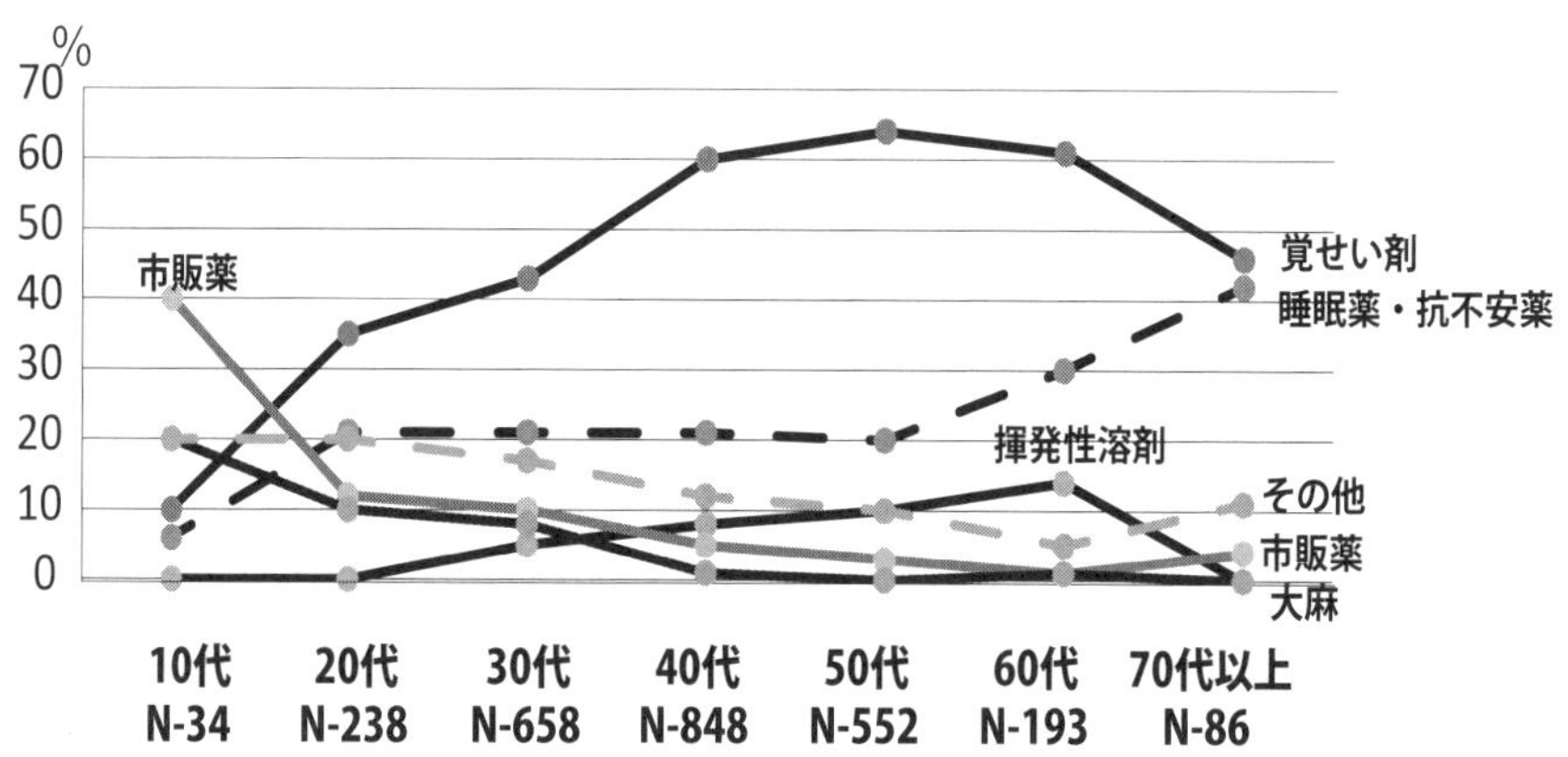

図12　年代別わが国における連用薬物

す。こっちにハマってるお年寄りが非常に多いんですよ。それから一〇代のグラフを見てください。いちばん使われている薬物。これはなにかというと、薬局、ドラッグストアで売ってる、風邪薬や咳止め薬や痛み止め、市販薬なんです。捕まらない薬物にハマってる人達もいるんです。一回やったら人生が破滅しないことが、これまでの人生経験からわかってる薬物を使って、捕まらない薬物、取り締まられない薬物を使ってるんですよ。

世の中には良い薬物と悪い薬物があるんじゃないんです。良い使い方と悪い使い方がある。そして悪い使い方をする人は、「なにか他に困った問題がある」という、この視点を持つことが大事だと私は思っています。

それからこれは、ランセット（英国の権威ある医学誌）に掲載されたデビッド・ナットの有名な論文です（図13）。アルコールや煙草を含む、すべての依存性物質、それに関して、世界中のいろん

薬物による弊害は違法／合法によらない
(Nutt DJ, et al: Lancet, 2010)

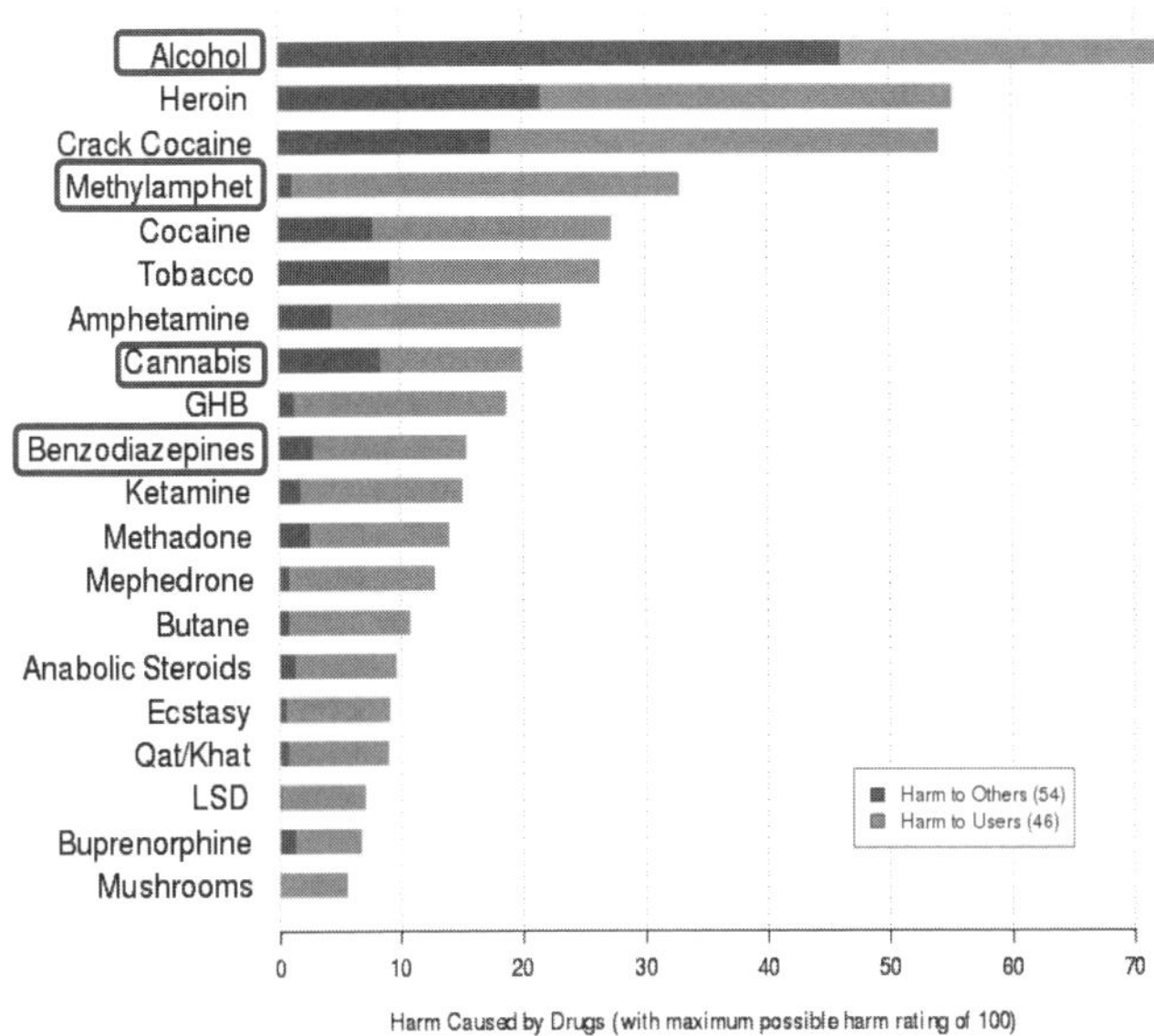

図13　薬物による弊害は違法/合法によらない

な専門家にスコアリングをしてもらうんです。個人の健康に対する被害と、他者に対する、社会に対する被害を調べてみて、トータルでいちばん害が大きい薬物はなにか、ダントツでアルコールなんです。とりわけアルコールの害は、個人の健康被害もそれなりに深刻なんですけど、社会に対する害、他者に対する害が深刻です。暴力事件の加害者の六割から七割は酩酊時に行っています。ドメスティックバイオレンスや児童虐待の背景には往々にしてアルコールがあります。それから、飲酒運転による交通事故による被害者を含めると、すごい数の被害者になります。

アルコールがいちばん害があるんですよ。しかしアルコールは許容されています。歴史が長いということもあるでしょう。それからキリスト教中心の世界では、なにしろワインはイエスキリストの血ですから。これを否定することはできないわけです。でも私は憂慮しています。こんな薬物がコンビニで売っています。あえて商品名は言いませんけれども、とっても安いです。お酒の味が嫌いな人もジュースのようにスルスル飲めます。頭の中がからっぽになります。そして深刻な酩酊状態を呈するわけです。

薬物問題と感染症

まあ、いろんな話をしてきましたけれども、このコロナ禍の中にあって、いろんな感染症の勉強を自分なりに改めてするようになりました。その中で気づいたことがあります。薬物問題と感染症の問題ってすごく共通点があるなと思います。もちろんどちらも、世界のグローバル化に伴ってあちこちに広がってくる問題という点で共通してますよね。たとえば感染症なんかもそうだと思います。たとえばスペインやポルトガルが簡単に南米大陸を征服することができたのはなぜかというと、彼らがヨーロッパから天然痘を持ち込んだんですよね。

免疫のない南米の先住民たちはそれによってバタバタ倒れてしまったという現実もあるわけです。同じように薬物も、いろんなところから広がっていきました。煙草だって、コロンブスが持ち込んでヨーロッパに広がり、そこから中国に広がり、中国の明の時代に煙草を規制したら今度はみんながアヘンを吸うようになる。清の国がそのアヘンを規制したんだけど、今度は英国が持ち込んできて。英国は中国からたくさんお茶を買い占めて、英国民たちがカフェインに依存してお茶をガンガン買いまくったんです。ところが英国がその代金を払えなくなって、清が嫌がるのにアヘンを売りつけた。これがアヘン戦争ですよね。アヘン戦争はアヘンの恐ろしさをものがたっているというよりは、実はお茶に含まれているカフェインの恐ろしさを物語っている戦争だというのが私の印象です。

そういうグローバル化と関係があるんですが、今日みなさんにお伝えしたいのは、二つの共通点が感染症と薬物問題にあります。その二つをお伝えして、締めくくりにしたいと思います。

まず一つ目は、いき過ぎた予防啓発が差別や偏見を助長する可能性があるということです。たとえば、コロナ感染の第一波のときに、地方ではまだコロナ感染が少ない地方がありました。そのような地方に限って、マスク警察や自粛警察が非常にうるさかったし、他県ナンバーの車が来るとそれに嫌がらせをしたりもしました。ある地方都市では、コロナに感染してしまった方たちのご家族が自殺に追い込まれた事例もあります。

日本のように薬物が、表向きはですよ、表向きは違法薬物の使用が低く抑えられている国に限って、薬物で捕まった芸能人なんかを激しくバッシングしたり、薬物依存者を排除するような住民の偏見が強かったりもします。やはり、当事者を孤立させないような予防啓発がとても必要だと思います。自殺対策もそうです。自殺予防と言うと、自死遺族の方たちが孤立してとても苦しい気持ちになる。だから、自殺対策基本法は自殺予防基本法ではなく、ご遺族の支援も含めた対策ということで、あえて予防という言葉を外して、自殺対策基本法になってるんですよ。予防啓発には、当事者を孤立させないような予防啓発が必要だってこと、このことがまず第一点目です。

「ダメ、ゼッタイ」から「With Drugs」へ

それからもう一つは、いき過ぎた、敵対的な政策、これは長期的には持ちません。むしろ長期的には友好的

な政策が必要です。感染症も、ペニシリンが発見されたときに、感染症にもう人類は勝てると思ったでしょう。でもペニシリンをガンガン使っているうちに耐性菌が出てきて、耐性菌をやるためにまた新たな抗生物質を作ったんだけど、どんどん耐性菌が出てきて、今や院内感染が大きな問題になっています。その中で、まずはいきなり抗生物質を使うんじゃなくて、イソジンでうがいをしましょう、消毒をしましょうが大事になっています。

天然痘を撲滅したときに、人類は完全に感染症から解放されたと思ったはずなのに、実際にはそのあとにＨＩＶが出てきて、それからエボラが出てきて、今コロナに苦しんでるわけです。同じように危険ドラッグが出てきた。それを叩いたらもっとやばい薬物が出てきた。危険ドラッグがなくなったと思ったら今度は市販薬や処方薬が問題になっている。叩いても叩いても次に出てくるんですよ。なぜ日本であんなに危険ドラッグがフィーバーしたのかというと、日本人が遵法精神に富んでるからですよね。結局捕まるのは嫌なんですよ。でもハイになりたいんですよ。だから一生懸命捕まらない薬物に、もう信じられない情熱を傾けるんです。そして、日本の二四時間営業のコンビニエンスストアに行って、飲料水の棚を見てみると、片一方はストロング系のソロ向けアルコール飲料、もう片方はエナジードリンクじゃないですか。日本はヤク中の国なんですよ。「ダメ。ゼッタイ。」は何の役にも立っていないというのが私の考え方です。そういう意味でも、薬物と共存共栄していくための政策として、「ダメ。ゼッタイ。」から、ウィズコロナという言葉にちなんで、ウィズ・ドラッグス。このような政策が必要ではないかということを強調したいと思います。

質疑応答

松本俊彦×繁田雅弘×内門大丈

繁田雅弘

医師・東京慈恵会医科大学　精神医学講座 主任教授・同大学附属病院 精神神経科 診察部長。一般社団法人 栄樹庵 代表理事 。「ＳＨＩＧＥＴＡ ハウスプロジェクト」代表

内門大丈

医師・メモリーケアクリニック湘南理事長・院長。一般社団法人 栄樹庵 理事。「ＳＨＩＧＥＴＡ ハウスプロジェクト」副代表。

内門　私の研修医時代、松本先生がグループ長で、その次に私がいました。そこで一緒に臨床をしてたんですけれど、いま改めて、自分に依存症の問題などがあったら、ぜひ松本先生に相談したいなと思いました。

最初に繁田先生から、松本先生のお話のご感想をいただき、ご質問いただきます。そして、皆さんからも事前に質問をいただいておりますので、そこをいくつかピックアップして、松本先生にお聞きしたいと思います。まずは、繁田先生、ご感想を始め、ご質問よろしくお願いいたします。

繁田　わたしが関わっている認知症というのも、ちょっと不思議な病気で、普通、癌（がん）とかの病気になると、「大丈夫か？」と、皆心配してくれるんですけど、認知症の場合はそうではなくて。居眠りしてると、「呆（ぼ）けがひどくなる」とか、「ドリルはちゃんとやってるか？」とか、「日記をつけた方がいい。最近日記をつけてないようだけどどうしたんだ」「忘れずに薬は飲んだか？」とか。

そういうことを聞くたびに、僕がいつも感じるのは、まさに、松本先生が言っていたキーワードで、認知症の人が孤独だなという感じなんです。忘れてしんどい、忘れて情けないなとか、家族に迷惑をかけている、何もやっぱり自分はできない、などやっぱり自分を責める。最後に、自分の居場所がないというのを感じて。

認知症の人の孤独を何とか理解しようとしている人間は、ここにいるんだということをご本人に伝えたいなと思うんですけども、やっぱりなかなかそれが難しいというのは、認知症の実感なんですね。

それに通じるお話で、松本先生から、薬物依存症の方は服役をされたり、重症化していくことで、体の症状も悪くなっていくというのは、とても胸が痛んだというか、強く心に残りました。

松本先生は、先ほどの孤立っていうキーワードを言っていただきましたけど、それ以外にこんなふうに感じているんじゃないかとか、こんなふうに無力感をいただいたりしていないかということを、ご講演の中でももちろん触れていただいたんですけども、少し追加をしていただけたらと思います。

松本　ありがとうございます。本当に繁田先生のお話を聞いていると、認知症の問題も依存症の問題も地続きというか、かなり重なるところがあるなと思っています。大事なことは、やっぱり当事者の方に屈辱を味わさせないっていうことは、すごく大事だと思うんですよね。そのドリルの話とか、日記の話とか、これほどね、いちいち若い人から言われるこの屈辱ってたまらないと思うんですよね。だから、屈辱を味わされずに、あと役割を与えられることかなと、僕は思ってるんです。

居場所って簡単に言うけれど、居場所って何だろう。そこがあなたのスペースだよと、ちゃんと部屋を与えているいると言っても、それは居場所にならないと思うんですよね。僕は、居場所は役割だと思ってるんです。有名な自殺の研究の話で、ドイツの老人の保養施設の中で、利用している人たちの自殺が群発してしまうっていうことがあったんですね。これを防ぐために、スタッフはいろんな工夫をしたんです。精神科医を呼んで、うつ病のスクリーニングをやったりとか、心理カウンセラーを入れて、困っていそうな人にカウンセリングを強要したりとか。いろいろやったんだけど、全然自殺が減らなかったんですね。最終的に、いちばん効果があったのは、お金を払って利用している老人たちに、役割を与えて厨房を手伝わせたり、庭掃除を手伝わせたりとか、そういう係を決めて責任を持たせてやらせたんですね。そうしたら、自殺が減ったっていうんです。

だから、屈辱感を味わわせないということと同時に、役割を与えるっていうか、それが居場所なんだろうと思っています。これは、多分、薬物依存の回復なんかにも、社会の中で役割や居場所を与えられるということと、少し重なってるかなと思いました。

繁田　どうも、ありがとうございました。ご質問をたくさんいただいているとお聞きしてますので、内門先生、そちらの方をよろしくお願いします。

内門　先ほど、ねずみの実験ですかね。ねずみの実験は、すごく興味深いなと思ったんですけど。そのコネクション（繋がり）のところで、そのコネクションが大事というところになると思うんですが、いくつかもらっている質問の中で、これ多分、最後の方にした方がいい質問なのかもしれないんですが。「先生方がご自分のメンタルを整えるためにしていることは何ですか？」という質問です。

そこは、コネクションに絡めて言うと、きっと、先生自身もそうかもしれないですけど、私も含めて皆さんが、どういうふうにしていけば生きやすく過ごせていけるのかなっていうテーマにもなるんで、少し難しいかもしれないですが、「ご自分のメンタルを整えるためにしていることは何ですか」という質問に、松本先生と、もし可能だったら繁田先生にも、少しお答えしていただければ嬉しいなと思ってます。

松本　今日の話の文脈からメンタルを整えることと言えば、僕は、「一緒に仕事をしている仲間」と言うのが理想的なんでしょうね。実際そうだと思います。以前ですね、僕が他の病院に勤務しているときに、依存症を見ているのが一人だけだったり、あるいは、病院全体のポリシーと自分のポリシーが違ったりしているときに、とても孤立感があって、すごく臨床がしんどかったんです。

でも今は、本当に僕の志に賛同してくれる方たちが集まって、チームでやっているので、すごく楽なんですね。それは、本当にありがたいと思っています。とは言え、その仲間たちに、全ての愚痴をもらすわけにもいかないじゃないですか。そうすると、今度は今日の話はちょっと違って来るんだけれど、自分一人で手っ取り早く気分を変える、化学物質を使ったりとかしてね。それは、あると思います。

僕は、アルコール依存症で断酒されている方をすごくリスペクトしてるんだけど、僕自身はお酒は飲むし。それからもっと言えば、多分、がっかりする方がきっといるだろうっていうことを承知で言いますけれども、僕はニコチン依存症でもあるし。もう最近の風潮はニコチンを違法薬物みたいな感じで扱っていて、いつも辛いなと思って。「そのうち俺は違法薬物乱用者になるな」と思いながら、ニコチンで多分、気持ちを切り替えてるし。コーヒーも大好きで、おそらくカフェインにかなり依存しているんだろうなと思ったりもしてます。それから、時々ストレスが溜まると、夜中に天下一品とかにいって、もう脂肪と炭水化物の塊みたいなものを食べたりしていて、これも広い意味での自傷行為かなと思いながらですね。

何を言いたいかと言うと、繋がりが大事。そして、そうしながら、多分人は、ちょっとずつ、少しだけ体に悪いことをしながら日々生きているんだろうなと思って。生き延びるための不健康も少し残しておく。でも、たくさんだと、やっぱり本当に早死にしちゃうので。不健康なことも少しは、必要なんじゃないかなと思ってます。これは、自分なりのハームリダクション[注1]ですね。

内門　なるほど。松本先生から不健康な部分が聞けて、多分皆さんホッとされたんじゃないかなと思いますけども。僕もかつてはタバコを吸ってて、松本先生とよく一緒に煙草を吸ってたんですけど。最近煙草をやめたら、お前内門タバコやめちゃったの？と言われる。それは良しとして。繁田先生、どうですかね。先生が、自分のメンタルを整えるためにしていることっていうことを教えていただけたら。

繁田　メンタルを整えるためにという意識ではしてないんですけど、自然に何かやらなければいけないこと以外で、つまりお金を稼ぐというか、生活の糧を得ること以外でやっていること、自然にやっていることって考えたら

注1　禁止するのではなく、害（ハーム）を減らす（リダクション）ことを目的とする。

いいのかなと思うんですけど。そうすると、松本先生と同じことになるんですけど、松本先生が、今は自分と目的を一つにするというか、チームが集まって興味を持っていることをやっていると言っていたんですけど。僕の場合は、それこそ内門先生に誘っていただいて始めた、認知症カフェだったり、地域との繋がりを作る取り組みのことになるのかなと。

面白いのは、いい大人たちが本気でやってるのが、すごく楽しいなという。認知症カフェのスタッフの人も今日参加している人もいるんですけど。その人たちは、それこそ、先ほどの松本先生の老人ホームというか施設の高齢者たちが、お金を払って入っているけど仕事をしているというのに繋がるような気がするんです。一応、ＳＨＩＧＥＴＡハウス[注2]の認知症カフェは、スタッフもお金を払ってるという。それは、やらしてもらって面白いからで。何をするかは全部自分たちで決めている。これやってくれる人いるかしら？ みたいな話で、じゃあ私やりたいからやるという、多分、いわゆる自立っていうことですかね。自分で決めてる。自分で決めて、やりたいことを選んでやっている。それで何とか、ちょっと借金はありますけど、回っているところが良い。

だから、僕の場合、考えたら、自分が家族のためでも社会のためでも、社会のためにはなってるのかもしれないんですけど、それは二の次というか、あるいは、もちろん仕事のためでもない、ただ皆が集まって楽しんでやっているところに僕も入っていけるっていうのは、いちばん良いですね。

依存というところから言うと、細かい仕事で、永遠と果てしない物を作る作業は好きですけど、ある意味そ

注２　「認知症について皆さんとともに語り、学び、広く発信していく」場として繁田氏の生家に「一般社団法人栄樹庵」を設立し、「認知症をもつ人とその家族にとって安心できる場」「地域の人のための場」「認知症の啓発の拠点」となる「SHIGETA ハウス」を運営。

れは依存かもしれない。模型作りでこんなものができそうだなって思うと、もう壊しちゃうんですね。先が見えると面白くないので。また作り直して。多分、人生でいちばんお金かけたのはそれ。道具とその材料にお金かけたかもしれないです。それがある意味、ちょっと依存かな。もちろん、人並みに甘い物とかには依存はしてますし、コーヒーも五、六杯は毎日飲みますので、依存ですね、きっとね。

内門　松本先生も繁田先生も近いところにいるのかなと思って、ちょっと安心しました。

繁田　光栄です。松本先生の近くにいられるので。

内門　本当、ＳＨＩＧＥＴＡハウスもコネクションの場なのかなと。先ほどみたいな、酒池肉林はないと思うんですけど。

いくつも質問を事前にいただいています。ちょっと読み上げますので、少しお答えいただきたいんですが。「なぜ、日本はこんなに薬の処方が多いのでしょう、特に高齢者への向精神薬が」というのが一つ。次に、先ほどの講演のところにもあったかもしれませんが、「受診拒否の方へ何ができるか？」そして、これもその質問に近いと思うんですが、「処方薬依存の方を自助グループや治療に繋げるための工夫があれば教えていただきたいです」というものです。

松本　まず、なぜ薬物療法にこれだけ偏重しているのかということですよね。もちろん、いろいろあると思います。たとえば、国民皆保険制度で、かなり医療にアクセスしやすいというところがありますよね。英国は、全部国立だけれども、専門医にアクセスするのが非常に難しかったりします。それから、米国の場合には、医療費自体が高くて、医療にたどり着けないっていうこともあるんです。そういう意味では、日本の医療制度が悪いとは言えないと思っています。ただ、その分やはり日本の医療は薄利多売になっている感じがあります。

私自身が、医療観察法という、殺人事件とか、殺人未遂とか重大な他害行為を起こした人たちの専門病棟に関わって仕事をした時期があるんです。そこはすごくスタッフが潤沢なんです。三〇床にもう四人の医者がいて、全ての患者さんに医者、心理、看護、それからソーシャルワーカー、作業療法士などがつくんですね。しかも、全員が個室なんです。広々とした病室で。そうするとすごく薬の量が少なくて済むんです。患者さんの暴力も少ないんです。つまり、時間と、手間と暇をたくさんかければ、薬は減らせるんです。ただ、マンパワーがいちばん、人件費がいちばん高いんです。薬がいちばん安くて、いちばん時間がかからなくて、薄利多売に適しているんです。

何を言いたいかと言うと、日本の医療を良くするためには、もっと保健医療福祉にお金をつぎ込む必要があると思うんです。たくさんの人が関わるっていう状況を作れば、多分、日本の医療を変えることができる。ただ、やっぱり他の方に予算がいってしまっているという現状が、今のことをもたらしているかなと思っています。それから、次の質問は何でしたっけ。

内門　受診拒否です。

松本　やっぱり、もちろんね、本人が病院に来ることはどっちでも大事なんだけど、依存症という病気の特徴は何かと言うと、本人が困るよりも先に周りが困るんですよ。本人の首根っこ捕まえて病院に連れて来て、病棟に閉じ込めても、体はそこにあるけど心はそこにないから、治療にならないんですよね。

そのときにどうしたら良いかというと、まずは、その方を心配しているご家族が相談に繋がることが必要なんです。まず、最初に繋がってほしいのは、都道府県政令指定都市に少なくとも一箇所はある、精神保健福祉センター。そこでは、依存症者の家族相談や家族のための家族教室をやっています。

そこに参加してほしい、更にそこに家族の自助グループの情報も集まってるから、もしよろしければ、その家族の自助グループにも繋がっていただいて。本人への関わり方の戦略がいろいろあるんですよ。頭ごなしにだめだとか説教とか、ぶん殴ったりとか、あるいは泣き落としとか。要するに、ご褒美あげるから何とかしてとか、それほとんど関係ないんですよ。そうじゃない戦略がありますから、そこを学んで、まずは心配している周辺の方が変わっていくということをやってほしいと思います。

どう変わったらいいんですかっていうことを、ここの限られた時間で話すことはできないくらいたくさんあるので、とにかく困った人が相談にいくことが最初と思います。

内門　処方薬依存の人を繋げるための工夫があれば。

松本　僕、処方薬の問題で困っている方の中で、三つの種類があると思っているんです。一つは、僕らが外来で主に見ているのは、それこそデパス[注3]とかを、一日何十錠もフリスクのように、ケースからがちゃがちゃ出して飲んでいる人たちなんだよね。あの人たちの治療っていうのは、もうどっちにしても病院に来ざるを得なくなってくるから、それは僕らは簡単だと思います。

周辺で薬を出している変な開業医の先生たちが、薬を出さなくしてくれればいちばん良いと思うんだけど、今は抗不安薬・睡眠薬系の薬の処方日数はかなり限られてきてるので、三〇日分が上限じゃないですか。そうすると、僕らのところに来る人たちは、月に一二か所の医院からそれぞれ三〇日分もらわないともたないんです。そうするとね、もう忙しくて、忙しくて、やってられなくなってくるし、連休が続くと、もうそこで離脱

注3　ベンゾジアゼピン系の抗不安薬・睡眠薬

痙攣起こして、救命救急センターに運ばれちゃうんです。だからね、やがてやって来るっていう感じがあります。だから、それはそんなに困らない。

それからもう一つは、いわゆるトラウマを抱えていたり、パーソナリティ障害を抱えている方が、辛いことがあると処方されたものをまとめて飲んじゃう。いつもじゃないけど、時々やっちゃう。これに関しては、担当しているお医者さんが、いろんな処方の工夫をしたり、残薬がないように注意するということが大事だと思っています。

そして最後に、常用量依存っていうのかな。治療量を飲んでいて、でもなかなかやめられないんです。元々の病気が良くなっているのか、良くなっていないのかはわからないんだけど、やめると辛いっていう方がいるんです。もちろん、漫然と処方していることが良いとは思わないし、年を取ってくると、常用量依存が意識障害とか、ふらつきによる転倒とか、あるいは車を運転される方だと、交通事故の原因になるのは確かだとは思うんです。でも、急いで自分一人でやめないようにしてほしいと思うし、中には治療のために飲み続ける必要がある人もいると思うんです。だから、必ずしも、その薬が悪じゃない場合もあるんです。だから、処方薬の依存症という方が、どの類型に属するかによって、対策や方針は随分変わってくると思います。典型的な依存症、最初に言った、たくさんの錠数を飲む方の場合には、心配している方が、まずは家族教室に繋がることが大事だと思います。

内門　ありがとうございます。周囲の人への援助、ケアしている人というか、心配している人への援助っていうところでいうと、繁田先生の言われた認知症の人とそれからそのご家族との関係にも非常に似てるのかな、と思って聞いておりました。繁田先生も、周囲の人への援助というところのあたりで、何かあれば教えてください。

繁田　松本先生の先ほどのお話から教わったことは、どうも、周囲の人もご本人を追い込んでしまっているので、多分、松本先生が考えておられる、周囲の人の支援っていうのは、本人を追い込まないような、つまり、本人を追い込んでしまう不安を和らげるような、支援ということじゃないかと思うんです。

そうすると、私たちも、家族にそんなことを言ったらいかんですよとか、そういうことは無理にしてはいけませんというような注意をするだけではなくて、家族が本人を追い込まなくて済むような不安の緩和というところの発想が必要なんだろうなと思いました。

松本　繁田先生が仰ったこと、とても大事で。周囲が追い込んでいると言うけど、追い込まざるを得ないご苦労もあると思うんですよね。だから、家族の関わりがいけませんよではなくて、そうせざるを得ないところも尊重しないといけないし、特に血縁関係にあると血が騒いで、一〇〇％の善意からやっていることが裏目に出ることもあるんですよね。だから、その辺のところをちゃんと汲んで、本人の味方ではなくて家族の味方になってくれて、関わり方を教えてくれる人が必要なんだろうなと思うんですよね。

内門　ありがとうございます。まだ質問があるんですが、先ほど、スマープ（ＳＭＡＲＰＰ）療法のことも話をしていただいたと思うんですが。厳罰化ではなくハームリダクションが必要だと思いますが、「ハームリダクションを容認する社会になるためには何が必要になりますでしょうか？」という質問です。

松本　たとえば、日本がカナダみたいに大麻を合法化する、そうすることが必要なのかというと、実はそうは思ってません。別に大麻がうんと危険とは思ってはいないけれど、じゃあ依存性が全くないのかとか、害がないのかと、それは違うと思うんですよね。日本でできるハームリダクションって、まずやらなきゃいけないのは何かと言うと、治療とか相談の場で絶対通報されないという保証があることが一つだと思います。

それからあともう一つは、予防啓発のときに、当事者を侮辱するような、そういう軽蔑的な表現を使わないということ。それはすぐにできるハームリダクションだと思っています。

それからあと、国民に広く知ってもらいたいのは、薬物が規制されるに至った歴史を知ってほしいなと思うんです。実は、アルコールはもういうまでもないんですが、アルコール以外の依存性薬物も、人類との歴史はすごく長いのです。メソポタミア文明の遺跡あるじゃないですか。シュメール人たちの遺跡。そこにある粘土板にも、ケシの花は愉楽の植物と書いてあるんです。メソポタミア文明の人たちも、要するにアヘンを使ってたんです。

それから、古代ローマ帝国の中で、五賢帝の一人で知られている、マルクス・アウレリウス・アントニヌスは、ケシの花を嗜好品として使ってたんですよ。アヘンを。だから、もう本当に長いこと人類は、薬物と共に生きてきたんです。そんな中で、国際社会が共同して、法と刑罰によって薬物をコントロールし始めたのはいつからかというと、一九六一年なんです。だから、今日まで約六〇年しか歴史がないんです。すごい最近なんです。その六〇年間で、世界中の薬物の問題は良い方向にいったかというと、加速度的に悪くなっているんですね。世界中のアヘンとコカインの生産量は激増してるし、ＨＩＶの感染はすごい広がってるし、それからあと、過量服薬で死んでいる人もすごい増えてるんです。

何よりも、反社会勢力がものすごく巨大勢力になって、南米の国はもう政府が対応できなくなっているんですね。だから、これは犯罪化したことの弊害と言われていて、今、国連もＷＨＯも、もう犯罪化はしないで、非犯罪化して、健康問題として保健福祉支援の対象にせよっていうことをもう各国に勧告をしてるんです。

日本は、その国際会議に出席した厚労省も外務省も、そのことをフィードバックしてないんですよ。他の言われたことは書いているんだけれども、だから結構、情報遮断されてる。そういう意味で歴史をきちんと学ぶ必要があるし、大麻が良いか悪いかの議論をする前に、アメリカも最初大麻を規制したんですけど、そのアメリカが大麻を規制した歴史的な経緯も知る必要があると思うんです。

実は、大麻の乱用実体は、米国ではなかったんです。ただ、禁酒法の間に、アルカポネたちの反社会勢力を逮捕するために、三五、〇〇〇人のアルコール捜査官という国家公務員が雇用されたんです。でも、禁酒法が廃止になると、この三五、〇〇〇人の雇用がどうにかしなければいけなくて、何かを規制しなければいけなかったんです。そのときに、メキシコやプエルトリコから移民してきた人たちが、すごく貧しくて、煙草が買えないから大麻を吸ってたんです。その有色人種たちへの差別感情から、今度は大麻をターゲットにしようっていうことで、実は大麻規制が始まってるんですよね。

日本でも、大麻の乱用実体はなかったんですけど、第二次世界大戦に負けて、それでGHQの指導で、何かわかんないけど大麻規制の法律を作らされたという経緯があるんです。規制されたあとの方が、大麻が人気があったり。だめって言われると、やりたくなる人たちがいるじゃないですか。

たとえば、今日は私は個人として話してるんで、所属施設を背負ってないっていうことを前提に言わせていただくんだけど。一九九一年に宮沢りえさんの写真集『Santa Fe』（篠山紀信 写真、朝日出版社）が出たのは、衝撃的だったと思うんです。その刊行以前と以後とで、ヘアヌードに関する情熱の違いがあると思うんです。多分、内門先生も僕と同じ世代だから、ビニ本とかの、ぼかしている部分を一生懸命バターを塗ったりオリーブオイル塗ったりとか、スクラッチしたら見えるんじゃないかと、異様な熱意を持っていたと思うんですけど。今はそんな若者いないと思うんです。だめって言われると出てきてしまう欲望みたいなものも、我々は注意した方がいいかなと思ってます。

内門　なるほど。ありがとうございます。それではですね、チャットの方にもいくつかいただいているんですが。

全ての人の紹介は出来ないんですけれども、感想もありますね。これ、ちょっと依存症の話ではないんですが、

「学校でワーカーとして勤めています」と。「孤立しないようにと思いますが、リストカットやオーバードーズなど、担任や特定の教員が抱え込みがちになります。何が出来るか悩んでしまいます」とかです。リストカットと、大量服薬の問題って、やはり、依存性薬物ともかなり関連してるんでしょうかね。

松本　これはすごく大事な問題で、依存症の支援でもそうなんですけれども、やはりオーバードーズとかリストカットって、学校コミュニティの中ではいただけない行動というふうに目されてるじゃないですか。そうすると、でもそうは言ったって、この子たちしょうがないんだよなと思う少数の支援者がいて、その人が入れ込むと、周りから冷ややかな目が出てきたりとかするんですよね。それによって、気づいたら一生懸命支援している人が孤立するという状況があるんです。

この一人ぼっちで頑張って支援することというのは、その支援者の心意気は評価するんだけど、子どもたちにとってはかわいそうですよね。だって、そのうちに支援者は疲弊して、うつでメンタル休職することも結構あるんですよ。いつちぎれてもおかしくないつり橋を渡らされる感じになるんです。大事なことは、チームを作ることなんです。ただ、チームを作るにあたって「チームを作ってくださいって」困っている支援者が言えるようになるためには、自傷に対して単にだめじゃなくて、最悪ではないよねって。最悪ではない。何か困った問題があるんだよね。リストカットやオーバードーズの人は、今はうまく言葉にできないと思うんです。

だって、彼らは皮膚を切るのと一緒に、意識の中で辛いでき事や辛い感情の記憶を切り離しちゃってるから、何で切るのっていうと、何となくとか、暇だからしか言えないんだけど、何か困りごとがあるよねっていう格好で、チームが組めるような雰囲気をどうやって作っていくかですよね。そこには、少し外部の先生なんかを呼んで、研修会をやってもらったりってということが多分必要なんだろうなと思いますね。

内門　ありがとうございます。あと、これも結構難しい質問だなと思うんですが、私は依存症の診断を持っていませんが、人に安心して依存できない。つらい感情苦痛の緩和と言う言葉に、私もそれある、という感覚を覚えました。「人に安心して依存できない人と関わるとき、どんなことを大切にしたらいいのかな」と思いました、という質問です。

松本　いま言ったこととちょっと重なるんだけど、これまでうまく人に依存できなかった人が依存し始めるときには、この人依存しても良いんだと思った瞬間に、全体重が乗っかってきたりすることがあるんですよ。そのときに、やっぱり支援者は受け止めきれなくて、逃げ出したりすると、やっぱりだめじゃないとなるんです。だから、そこでチームを作るっていうこと、一人でしないっていうこと、多機関で支えるとか、チームで支えるっていうことをポリシーにする。個人で関わるには、自分の限界を超えたことはしないというか、この先も長く付き合える範囲で付き合うっていうこと。それはもしかすると、十全なサービスではないかもしれないけど、あなたを見捨てないようにするためには、私はこのペースでやらせていただきたいんだっていうことは、わかってもらう必要はあるかなと思います。

内門　なるほど。ありがとうございます。これちょっと、私もよくわかってないんですが、クラフトとハームリダクションについてですが、この用語など、先ほどもハームリダクションはあったと思うんですけれども。少し解説をしていただければ。

松本　じゃあ、ここでは、クラフトについて話をしましょう。ハームリダクションは、今日少しだけエッセンスは言ったので。クラフトは、ＣＲＡＦＴって書くんですが、コミュニティ・レンフォースメント・アンド・ファミリー・トレーニングと言って、端的に言うと、依存症者のご家族のための行動療法という感じです。別に家族を治すわけではなくて、もっと言うと、本人は治療の場に現れてこない。でも、本人にいちばん影響を与えることができるのは家族じゃないですか。その家族にいろんなスキルを伝授して、家族を介して本人の行動を変容するっていうテクニックなんです。

これはね、認知行動療法的なスキルとか、行動療法的なスキルも入ってるんだけど、実はベースになっているのは、FBIのネゴシエーターのテクニックなんです。ネゴシエーターってほら、人質を取って立てこもっている銀行強盗などの犯人と交渉をする人。そのテクニックなんです。

よく言うのはピウス（PIUS）かな。まずPはポジティブ。肯定的に言う。だめじゃなくて、そっか、飲んじゃったか、でもそうじゃない日も頑張ってたねという、肯定的な方へ目を向けたりする。次のIはアイメッセージ。お前こうこうしろっていうふうに、二人称単数で言うと、人は反発するんですよ。そうじゃなくて、自分の気持ちを一人称単数で言って、あなたがこんな泥酔状態になっちゃうと悲しいって、私は悲しいっていうふうに言うのが大事とかね。それからUは、アンダースタンディングだ。やっぱり本人が飲まざるを得ない、薬をやらざるを得ない状況に対しても理解を示す。そして最後のSはシェアですよね。責任の一帯を担ってあげる。あなたにこんなふうに飲ましちゃうなんて、何か私も至らないところがあったのかもしれない。何か私にできることないかしら。一緒に病院についていくとか、みたいなね。いろんな小技があるんですけど、こういうものを系統立ってやるテクニックですね。

今までは、突き放しなさいとか、手を放しなさい、一辺倒だったんだけれども、もちろん、重篤なケースではこれをやらざるを得ない場合もあるんですが、その手前のところでこれは試してみる価値があると思います。

内門　事前にいただいた質問の中で、これは繁田先生にもお聞きしたいなと思うんですが。依存症、その方は、依存症は孤独な病ではないかと思っていますと。長年、「患者さんと向き合ってきた実践、経験をお聞きしたいです」ということで。多分、松本先生、かなり長く、もちろんうまく卒業されてきた方もいらっしゃると思うんですけども、ずっと付き合っている患者さんもいっぱいいらっしゃると思うので、具体的な経験って、難しいとは思うんですけれども、印象に残っているような方、もしこの場で少しお話をできるようなことがあれば、教えてもらえればと思います。

松本　それはなかなか、難しい質問ですね。というのはね、さっき参加者をちらっと見たら、あれ、僕の患者だという人もいたり。僕がケースで話すと、私のこと言ってるのかと思う方もいるかもしれない。だからここでは、すごくざっくりとした一般論でお話をさせていただければと思います。多分、依存症の支援のことについて知らない方もいるかと思うので。

実は、酒や薬が止まらないということですったもんだしている時期って、治療を開始して最初の二年、三年くらいなんです。そこから先は、薬にしても酒にしても、随分収まって、時に失敗することはあるんだけれども、診察室で何を話しているかというと、別の困りごとなんですよ。だから、実は酒や薬の主題から外れていて、その酒や薬を引き落とせざるを得なかった生き方の苦しさとか、根っこの問題を話し合うことの方が多くなってくるんですよね。だから、依存症だからだめじゃなくて、依存症というのは、単に支援に入るための入場券だと僕は思ってるんです。酒や薬をやめることが幸せじゃなくて、やめ続けるためには、その他の問題に手を入れていく必要があると思っています。

だから、依存症の分野って特殊だからわからないと言うけど、全然普通にメンタルヘルスの支援ですよということを強調しておきたいなと思います。

繁田　なるほど。今の松本先生の話は、なるほど、そこには理由があったわけですね。薬物なりに、何かに依存するにはそこに理由があったわけで、その理由に対応せずというか、その支援なくして薬だけを使っていてもというのは、言う通りだなと。

さっき内門先生から言われていたんですけど、障害を持っている方、これは薬物依存に限らず、もちろん精神障害にも限らず、認知症の人もそうなんですけど。いろいろ障害の人が集う会とか、家族の会とかで、よくあるのは、「何か困っていることはありませんか」とスタッフの人とか専門職から言われる。ですけど、それに答えることは難しい。なぜかというとその理由の一つが、困っていることを相談したら、本当にそれに対応してくれるんだろうかと。結局だめだ、あるいは、中途半端に支援をしてもらって、中途半端と言ったら支援してくれる人には失礼だけど。どのくらいの覚悟と時間でやってくれるのかしらっていうことがわからないから、相談のしようがないというところがあって。

それを思うと、やはり相手のことがわからないと、相談ってできないなって。この人どのくらいの時間を割いて、どのくらい一生懸命自分のことをやってくれるんだろうってわかったときに、初めて相談ができると思います。松本先生がチームでと言ったことは、支援をする視点から言ったんだと思うんですけど。患者さんの立場からしても、いろんなところに相談ができる環境にあり、救われていくという。このことはやはり相談員の人かなとか、この相談は先生はだめだなとか、このことは看護師さんがわかってくれるかなとか、本人にそこに選択肢があるような、多方向の助けを求められるところがあるというのは、とっても良いと思いました。

やはり、助けを求めて来られたら何かこちらも助けてあげたいとか、偉そうに思うわけですけど、助けてあげたいと思うんだったら、何ができて何ができないかっていうことが、伝わるようにはしないといけないなと思ったところですね。

全然関係ない話を一つ。松本先生の話を聞いていて、不真面目かなと思ったんですけど、これからはうつ病は禁止ですっていう新しい法律というか規則が作られる。「日本の政府は、うつ病を禁止にしますから、うつ病になってはいけません」そんなことを思いつきました。

松本　でも、まさにそういうことですよね。だから、治療の場で薬の再使用を告白したら警察に通報されたというのは、統合失調症の方が、幻聴が最近ぶり返しましたって言ったら、じゃあ警察ねって。何で幻聴が出るんだって、医者から叱られたりとかね。そんな感じですよね。

内門　質問というか、目に留まったやつちょっと読みますね。

貴重な話をどうもありがとうございます。素人考えですが、認知症も薬物依存症と重なると思うのは、予防が重視されている風潮があるような気がします。ただ、薬物依存も認知症も、本人の努力や予防でならないという話ではなく、むしろ安心して認知症になれる社会、薬物依存症になっても支援される社会が大切だと思っています。「どうしたら、安心して認知症になれる社会になれるのでしょうか？」そのために個々人でできることがあったら教えていただきたいです。

認知症の方に少し軸が寄っているわけですけれども、ただ認知症と依存症、本当に一対一で捉えていいのかっていうテーマもあるとは思うんですが。昔、松本先生が、一回そういう依存症になったら、ちょっと古いかもしれないですけど、ずっと依存症であることを持ち続けながらっていう構えが必要っていうことでいうと、老化して認知症になっていく過程というのは、つまり、認知症でい続けていく中での、自分自身の自助だったり、周りからの援助だったりというところでは、それは少し似てるのかなと思うんですけど。認知症に絡めて、松本先生が

ＳＨＩＧＥＴＡハウスの活動なんかもですね、何かアドバイスとか、こういうふうな取り組みがＳＨＩＧＥＴＡハウスであったらいいんじゃないかなみたいなことがもしありましたら、それも含めて教えていただければと思います。

松本　認知症とか薬物依存症とかっていうカテゴリーから外れて言うと、安心して病気になれるとか、安心してだめなままでも許してもらえるとか、あるいはもう一回薬物依存に引き寄せると、中には薬物依存症だけど薬物をやめたくない人もいるじゃないですか。それも尊重してあげるというか、やめない権利とか、治療を受けない権利とかも必要だと思うんです。我々支援者は、良くなることが当然、こういうふうにしたら良くなることがわかっていて、それをやらないお前が怠慢なんだと言うけれども、でも、変われ変われって言われるのって、今のままありのままの自分をだめ出しされることですよね。

ただでさえ自尊心が低かったり、日頃から屈辱的な体験をしていたり、ましてや認知症のように日々自分の能力が衰えていることがわかる人にとって、変わることを求められるっていうことは、本当にありのままの自分をだめ出しされる体験になるんですよね。だから、そこは本当に難しい。僕らは確かに変わることを求める職種だけど、と同時に、変わらない権利とか、今のままありのままをちゃんと受容してあげながら付き合っていくというか。中には、実際、僕の外来にも、全然やめる気もやめる気配もないんだけど、話に来る人もいるんですよね。今週は何グラムくらい使いましたとかね、何グラムって覚せい剤の量ね。でも、それでも来てるっていうことは、何か意味があるんだろうなと思って付き合っていたりもするから、認知症も多分、そういうことはあるんじゃないかなと僕は思ってるんですけど。

繁田　ありがとうございました。その視点と、もう一つの先ほど、松本先生も仰っていただいた視点ですけど。

やはり、依存にしても認知症にしても、幻聴とか妄想とかの症状にしても、別のものすごく破壊的な事態を避けるために起こっていることがきっとあると思うので、そっち解決しないではしごを外すみたいなことも、特に精神障害の場合にはあり得るかなと思います。

認知症の場合に伴ういろんな症状の場合もあり得ますし、きっと依存症の場合もそれがあるのかなと。もしやめさせるのであれば、しっかりした代わりのものをちゃんと用意しろよっていうふうに、本人は思うかもしれないなと感じました。

松本 困っちゃうのが、代わりの良いものはないんですよね。ある人もいるんだけど、本当に最高に薬が良くて、代わりになるものが見つからない人もいて、弱っちゃうときありますね。多分それは、使っちゃったと報告にしてるんだと思います。

内門 質問のリストの中に「日常生活に支障のない薬物依存はよいのか?」というのがありましたけれども。

松本 僕もニコチン依存であることは認めているし、依存症警察みたいにはなりたくないですよね。それお前依存症だぞ、みたいなさ。それは嫌だなと思って。本人が困ったら助けを求めればいいと思うので。

内門 ちなみにですね、繁田先生、『認知症の精神療法　アルツハイマー型認知症の人との対話』(HOUSE出版二〇二〇年)という本を出されていて[注4]、そういう意味で言うと、精神療法というものがどうなのかっていうのはあるんですけど、依存症の精神療法っていう、そのような軸で何か語るっていうこともできたりはするるん

注4　従来の疫学や神経病理学や神経心理学、画像診断学などの認知症についてのアプローチに対して支持的精神療法視点からの認知症に対するアプローチの記録、症例と面接・対話の実際、などをまとめた著作。

認知症の精神療法　アルツハイマー型認知症の人との対話

ですかね。先ほど、グループというか、仲間と一緒に援助していくという話もありましたが、どうですか。

松本　難しい質問をしますね。もちろん、依存症の精神療法らしきものっていうのは、多分専門家の先生たちは、皆自分なりに考えていると思っています。ただ、それは決して精神分析とか認知行動療法みたいな、細かなところにいった技法ではなくて、あくまでも援助者や支援者の態度だと思うんですよね。だから、態度っていう総論で書くと、多分原稿用紙一〇枚くらいで終わりそうなので、本にはならないですね。

内門　ありがとうございます。

繁田　僕の認知症の本を読んだ人が言っていて印象的だったのは初めから最後までずっと同じこと言ってますねって。僕の中では、認知症のことをテーマに上げていること、もちろんそれもあるんですけど、そうではなくて、それこそ神田橋先生[注5]がよく仰っていた、人と人とが出会う、以前から知っていたような昔ながらの関係の人が出会って、今後またしばらく会わないかもしれないけど、その関係が続いていくような。松本先生が先ほど仰って、依存症の人と話していて、治療の場で依存症の話ではなくてそれ以外のことを話すんだっていうふうに

注5　神田橋條治・九州大学医学部精神神経科，精神分析療法専攻　現在鹿児島市伊敷病院。「認知症の精神療法」（HOUSE出版）解説　著書に、精神科診断面接のコツ・追補精神科診断面接のコツ・精神療法面接のコツ（岩崎学術出版社）精神科薬物治療を語ろう（共著，日本評論社），うつ病治療（共著，メディカルレビュー社），発達障害は治りますか？（共著，花風社）訳書など。

仰ったんですけど。

多分、それ以外のことを話すっていうのは、松本先生が専門医で、病院に来ているのは患者でという関係ではなくて、松本俊彦という一人の人がいてくれて、困ったことをそこで言葉にしてみて、自分の頭を整理するのに役立つ場となったのが、精神療法じゃないかと思うんです。

ですから、その根幹みたいなことを松本先生が語るとすれば、原稿用紙一〇枚だと思いますし、ことごとく会った人を題材にして本を書くと、僕みたいな何百ページかの本になるっていう。でも、言いたいことは、究極一人で、一人の人間と一人の人間が出会うんだっていうところにいくのかなと。

内門　認知症であっても依存症であっても、認知症の方が依存症になることもあるし、依存症の方が認知症になっていくこともあると思いますし。先ほどのコロナの話もありましたから、やっぱりそこはコネクション（繋がり）で。

五章　「認知症と繋がる」ということ

芦田彩

言語聴覚士、株式会社ツクイ。「ＳＨＩＧＥＴＡハウスプロジェクト」スタッフ。東京都言語聴覚士会　理事。

対談「老年精神医学」のやりがい（繁田雅弘×芦田彩）

です。

芦田　私は臨床をやってきて、一、〇〇〇人前後ぐらいだと思うんですけど。いろいろな方に出会ってきました。今は在宅という場所にいて、大体お会いする方が終末期と言われる、お亡くなりになることが近くなっている方や、それこそ認知症で回復するというより、良い方向に持っていくというような方々にご一緒することが多いんです。

その中で今やっている私の仕事としてはご本人様を見るということも一つですが、ご本人様とは一期一会ですし。もう一つはご家族さんや、介護者。要は周りを取り囲む人たちの支援という、支える人を支える仕事の方が多いんですね。その中で、他の職種の人や、同じ職種の人から「芦田はそこの技術をもっと、社会に復帰するような方々、中年の脳梗塞の方だったりとか、もしくは子どもへの支援、言語聴覚士って足りないんだから、もっともっとそっちの方の仕事に」と言われるのです。

繁田　足りないんですね。

芦田　もっともっとそちらの方に力を出した方がいいんじゃないかとか、回復する見込みのある人を治す方にもっと持っていったらいいんじゃないかって言ってくださることが多くて。私としては回復しない方たち、回復が難しい方たちに携わることって、その意義ってなんだっていうのをすごくよく訊かれて。私自身は自分がやっていること自体に意義がないなんて、全く思わないですし、最期をしっかりと迎えるといったところも含めて、良い方向に持っていくって私はすごく大事だと思っているんです。

ただ、医療という観点からいくと、回復が難しいケース。もしくは回復しないケース。そこに携わる意味って言われると、すごく経験がまだ浅いことも含めて、悩んでしまって。ちょっと先生でしたら、どのようにお考えになるのかなと思って、お訊きしたいと思いました。

繁田　ありがとうございます。僕も同じというか、例えば極端な話は、子どもには未来がある。発達障害とか、知的障害とか、それらの子どもはこれからも長い時間を生きていく。それに比べると、繁田が専門にしているのは高齢者だから、まあ先が短いというか、そんなに長く生きる時間があるわけじゃないので、そういう人を対象にするのはどうして？　もっと未来がある人に良い結果を出せたら、その結果がより長い時間、その人の人生を幸せにすることができるわけだから、そのようなことを言われることがあって。

子どもではないにしても良くなる対象というと、私は精神障害の専門なので、良くなる一つのシンボルというのはうつ病なんですよ。本当に良くなり、元気になって、元の仕事に戻ることができる。三〇歳、四〇歳くらいはうつになりやすい年齢なのです。それに比べると認知症は、最高にうまくいって、ほとんど悪くならないみたいな感じで。多くはやっぱり悪くなっていく。

その時に人がいう良い結果とは何を見て言っているのかなと考えたら、認知症がどれだけ軽くなったのかとか、軽くなったことで、その人らしい生産的な活動ができるのかというところを見てるんだなと思うんです。そういうことを考えて、今の道を僕は選んだわけではないので、いつの間にか今のことをやっていて、一生懸命もがくようにしてというか、試行錯誤しながらしゃかりきになって一生懸命やってきたと思うんですけど。

何を目標にしていると言われたら、やっぱりその人らしい、良い時間を生きられたかどうかということになるのかなと思うんです。幸せかどうか。どれだけもの忘れとかが軽くなったかどうかじゃなくて、一言言えば、幸せになれたかどうか。で、どれだけその人らしい、本当の意味で良い時間。その人の人生として、価値のある時間を生きられたかどうか、そのように考えると、年齢などはそう大きな違いはないような気がする。

うつ病だったとしても、子どもだったとしても、お年寄りだったとしても、どれだけその人らしい時間を生きられたのか。生きられるように私は頑張ったのかを見ると、うつ病の中で多くの患者さんはお薬を飲んでもらうと、ぴゅって良くなっちゃうんですよ。それ、研修医がやっても良くなるし、昨日精神科医になった人でも、まあ、良くなる時は良くなる。だけど、高齢者であるとか、認知症の場合には昨日、今日精神科医なった人は、とてもじゃないけど敵わない。というか、その人の人生に影響を与えることはできないし、良くすることができない。だから、やはりある程度年数が必要なので、本当に良くしてあげられた、あるいは良くなることに僕は協力できた。この人の人生に私は多少なりとも力を貸すことができたな、そのように思えるのはかなりの年数の経験をつんでからだと思うのです。

だから、若い頃にその満足感が得られないというところでは、また一つ苦しい部分ではあるかもしれないけど、もし周りの人が、あっ、この人は本当に良い時間を過ごすことができたなとか、自分と関わることでその人らしい時間を生きることができたなって思える時にはその時間の濃さっていうのは圧倒的に重いというか、深いというか。やった価値は大きいという感じはしました。それには腕が必要だし、ある程度経験も積まなきゃいけないけど、その時に得られたものはすごく大きくて。

講演、研修会や、勉強会でそのような話をした時に若い人が手紙をくれて。私の専門は老年精神医学と言うんですけど「認知症や高齢者のうつ病。若い人のうつ病じゃなくて、高齢者のうつ病、高齢者のことをやりたい」と言ってくれました。その理由はやりがいがあるからと書いてあるんですよね。そのやりがいっていうのはおそらく、時間、何年っていう人生の時間ではなくて、その人らしさという人生の深さであったり、濃さであったりするんだろうなと思うんですよ。だから、改めて最近思うんですけど、この仕事は今でなきゃある程度成果も上げられないし、上げた時にはものすごく大きくその人の人生を支えてるなっていう手応えはあるんですよね。それが若い人の精神医療とか、うつ病とは違うかなと。

どこまでいっても、俺も一人前だなとか、来るところまで来たなっていうのはないですよ、やっぱり何年経っても。たぶん、それだけ深くて、広い視野がないとできないものだし。だとしたら、できた時の充実感とか、達成感は、他と比べものにならないんだろうなという気がしますね。

年寄りで、もう認知症で身の回りのことが全然できない、そのような人に大きな成果をというのは本当に、その人が生きた人生を掴んだり、感じたりできる幸せとか充実感は二〇代、三〇代、四〇代、五〇代の人が感じる幸せとか厚みとか、深さは半端じゃないと思う。「もうすぐ死ぬ人でしょ?」と言うかもしれないけど、関わる深さと重さは全然違うと思うのは、負け惜しみじゃなくて、本気で最近思いますね。

だから、やりがいのある仕事なんだというのは結構胸を張って良い仕事よ、と言える。人生の最期を良い時間、素晴らしい時間で終えられるのか。それとも残念な時間で終わるのかというのは、その時間は短いように思うかもしれないけど、その意味は比べ物にならないほど違うんじゃないかと本気で思ってますね。

芦田　医療って回復がベースになっていたりするところもあると思うのですが。それこそ、予防とか、そういうところに行き着くかと思うんですけど。そうすると、私がやってる認知症の方に対する支援は、あればいいレベルであってなくても必須ではないというか。まだまだ必須の支援のところが足りてないのに、「あればいいレベルをやるっていうのはちょっと違うんじゃないの?」っていう見方をされる方もいたりします。

そこで、どういう気持ちでどういうスタンスで仕事をしたらよいのだろうか? と。今の仕事は自分のやりがいとしてはすごくあるし、最期をしっかりと支えるというか、手伝うというか。そこには家族がいるじゃないですか。その家族や、支援者など携わる方。この方と一緒にいて良かったっていうのを作るのも、私は大事だと思っているんですけど。それは回復がベースの医療なのかって言われると、どうなんだろう？と。

繁田 医療資源の配分という考え方になると思うんですけど、芦田さんのように経験もある程度あって、腕もあってという人が、若い人の回復を目指すリハビリの方に携わることで、恩恵を受ける人はいるわけですよね。そして早く生産に携わって欲しいというか、仕事をして欲しい。そう周りの人が願うのは当然かもしれない。ですけど、芦田さんのように、丁寧に看てきた人にしか、複雑で人生の最期を仕上げるような仕事はできないんじゃないかなと思うんですよね。だから、芦田さんが若い人の回復に関わるよりも、若い人に関わってもらい、その分、もっと人生っていうものを地に足をつけてしっかり考えて支援をしなきゃいけないような人にこそ、経験を積んだ人が関わるべきだと僕は思います。

芦田さんに若い人を指導してもらって、回復期のリハビリの人を一〇人ぐらいの若い人に任せたほうが、医療資源の配分でも効率は良いかもしれない（笑）。あなたが自ら若い人のリハビリに時間をかけて、手間をかけなくてもいいと思う。誤解を覚悟でいいますけど、お薬を出すと治るうつ病の人もいるんですよ。それは僕がお薬を出す必要はないんですよ。ガイドラインに沿って、三〇代のうつ病でイライラが強くなって、まだうつに初めてなったばかりの患者さんにはこういうお薬が合ってますというのはガイドラインに沿って処方すればいいので。それは若い人にやってもらう。

そうじゃなくて、もう六〇年、七〇年、八〇年生きて、連れ合いを先月亡くして、ペットも亡くして、いま本当に傷ついて身も心もボロボロになっている状態の人は、お薬なんかとても太刀打ちできるような問題ではないので、そういう時に一緒に話を聞き、一緒に時間を寄り添って支えることができるのはやっぱり経験は必要かなと思うのです。それでこそ、経験を積んで技術を磨いてきた人がやらなきゃいけないんだと思いますけどね。

芦田　そうですね。

繁田　指導はしていただいて、その代わり、芦田さんが自ら腕を振るわなきゃいけない人はやっぱりいると思うので、そういう人にはぜひ自ら治療にあたっていただいて。それはやっぱり、たぶん終末期だろうし、高齢者だろうし。若い人にもそういう人はいるかもしれないけれど、本当にいろいろな問題を抱えて、複雑な問題を抱えて、絶望してる人には、芦田さんのようなベテランで経験を積んだ人が関わるべきと思いますけどね。

認知症と対話で繋がる

繁田 雅弘

期待とあきらめ

認知症の人の家族は、従来の「正常な人間」像と、現在の「衰えた相手」という狭間に立たされ、戸惑いや混乱を抱えていると社会学者の井口（二〇〇七）はみている。自分を育ててくれた親としての姿、長年頼り頼られてきた夫としての（妻としての）姿、超えようと努力してきた先輩の職業人としての姿、人生の手本としての姿、そうした姿が変わっていくことを受け容れることは容易なことではない。何とか元気な元の姿に戻ってほしいと訓練的に対応してしまう心理が理解できないわけではない。診療では、しばしば家族から次のような質問を受ける。「日記はどのくらいの長さの文章を書かせたら効果があるのですか？」「今行っているデイケアで体操以外は何もしないのですが、脳のトレーニングをしたほうがよいのではないでしょうか？」「クロスワードパズルや数独をやっているが、もっとほかによいものはないのでしょうか？」といった具合である。

家族にとって本人がかけがえのない存在であるほど現実を否認しやすく訓練的に関わってしまうと心理学者の扇澤（二〇一三）は分析している。また「彼ら（注・家族）は往々にして善意で痴呆（原文のまま）患者に自立を強いたり、住所や日付けを言わせるような訓練にはげむ」「大きな精神的な負担であり、異常行動を生じる原因にもなっている」と老年精神医学者の竹中（一九九六）が指摘している。私の知る専門医、専門看護師、ケア専門士などその道の第一人者たちも、自分の親となるとその姿を受け容れることはできなかったと回想する。

理屈で分かっていても、どうしてもあきらめきれないものかもしれない。そして、変わりつつある本人の姿をなんとか受け容れたと思ったら、今度は病気が進行し、再び家族は新たな変わりゆく本人の姿を受け容れることを強いられる。われわれ専門職にできることは「認知症疾患である以上、進行していくことはやむを得ない」と分かりきったことを説明することではなく、変わりつつある本人を許せない苦悩に共感し続けることであろう。そうすることで家族は、本人を許すことができない自分を、もしかしたら許せるかもしれない。

「(本人は) もうだめだ」「本来の姿には戻れない」とあきらめの気持ちになることもある。本人はもうそこにはいないとの気持ちである。「その大は存在しているが、その人の心は存在していない」という想いを「曖昧な喪失 (Ambiguous Loss)」とボスは呼んだ。確かにそのように感じる人も多いのだろう。しかし私は認知症がどんなに進行しても、そして本人の姿が見えにくくなっても、依然として本人はそこに存在すると感じていてほしいと願う。本人が変わっていくことは本人らしさが薄れることである。しかし、本人がいなくなることでは決してないと家族に伝え続けることが、専門職に課せられた役割だと私は考える。高度に進行した人の介護に従事する家族にも、日々の生活の中でふと感じられる本人らしさを面接で取り上げている。

「本人の味方ですか?」

私が今まで診療してきた中で、本人の立場に立つことに専念した時期があった。それ以前は家族の意見ばかりを聞いたので、そのことの反動もあって家族の言動や態度に対して極端に批判的になり、本人を擁護する言動を繰り返した時期があった。「悪いのは本人ではなく、病気なのだ」「本人だって病気になりたくてなったわけではない」「本人の苦しみを理解しないといけない」と家族に強く言った。月にI回、数分話すだけの治療者の苦言は、一日二四時間苦労しながら本人と暮らしている家族にとって非難されているとしか感じられなかったに違いない。私から離れていった家族も少なくない。本人の最大の支援者であるはずの家族を私は支えられなかった。

最近は、本人だけの味方ではなく、また家族だけの味方でもなく、両者の味方でありたいと願っている。あるときは家族に対して「(本人は) 家族に迷惑をかけずに暮らしたいと思っても、なかなかそれができない」「家族と一緒にいられることを今日も幸せだと思っているはず」「怒るつもりはないのに、気が付くと声を荒らげてしまい、その後に自己嫌悪に陥っている」などと本人を代弁する。あるときは本人に対して、「(家族は) ついつい、うるさく注意してしまうが、本当は「元気でいてくれたらそれだけでいいと思っている」「本人がしたいことをさせてあげたいが、したいことが分かってあげられず、困っている」「元気で何でもできた頃のつもりで、ついつい無理をさせてしまう」などと家族を代弁する。

目指しているのは、家族の意識を変えることでも、本人の意識を変えることでもない。互いが互いの真の思いに気付くことである。互いの理解が進むことで両者の関係は好ましい方向に変化するものと期待している。多くの家族は本人を想い、多くの本人は家族を想っている。そう理解して支援することで長く関係を維持できるように思う。本人と家族がお互いに言い合えないことを、われわれが医療職・専門職という立場を利用して両者に伝えることの大切さを日々診療で感じている。必ずしも互いの想いを言葉で伝えていなくても、治療者が本人と信頼関係を築き、並行して治療者が家族との信頼関係を築くとき、本人と家族が自然に治療者を通して相互理解を深め、信頼関係を取り戻すと感じられる。

介護の意義を支える

家族にとって介護の意義の確認は、介護を続ける動機になるとともに、介護者としての生活の質（QOL）を高めることにもなる。諸事情から在宅介護しか選択肢がない場合でも、介護を意義あるものと感じて携わることは、精神的負担を相対的に軽減し、介護の質をも高めるものと私は考える。

ある八五歳の元会社経営者は、やや高度（FAST六）のアルツハイマー型認知症に罹患していた。主介護者である妻は、娘の反対にもかかわらず在宅で夫の介護を頑なに継続していた。自宅に他人が入る訪問サービスも、他人の中に入っていく通所サービスも、本人は望まないと妻は考えて利用しなかった。夫は元来亭主関白で一方的な人だった。私から見て決して介護しやすい人物ではなかった。私が「もしあなたが認知症になったとしとも、ご主人はあなたを介護したでしょうか？」と尋ねると「しなかったでしょう」と答えた。「なぜそこまでして介護を続けるのですか？」と問うと、「今まで自分の親にしてくれた心遣いへの恩返しです」とのことであった。「（夫は）私の両親をとても大切にしてくれた。夫の親は私の親を軽蔑したけれど、夫は違った。何度も食事に連れて行ってくれ、出張のときはいつも両親に土産を買ってきてくれた。その気持ちが嬉しかった。だから私の介護はその恩返し。娘は早く施設に入れろと言うけれど、私は最後まで家で看るの」と譲らなかった。

妻は自分で自分を追い込んでいるように思えたので、「（奥様は）もうすでに十二分にご主人のお気持ちに応えたと思います。もっと介護サービスを利用したり、施設に入ってもらう選択肢を考えてもよいのではないか。そうした判断をしても、あなたが冷たい人間だと誰も思わないと思う」と診察のたびに伝えた。広い視野で冷静に自分の介護を見直してほしいと要請した。介護者が思い込みから在宅介護にこだわることは、自分だけでなく本人の生活の質（ＱＯＬ）をも下げるものだと考えたからである。

もちろん私は、在宅介護をただ止めさせたかったのではなく、施設入所を選択肢に入れて無理のない精神的に余裕のある介護をしてほしかったのである。一方で、自分の両親への夫の心遣いに対する妻の感謝の気持ちは支持し続けた。「親が親切にしてもらうことは、自分に親切にしてもらうより嬉しいですね」「自分がいじわるされるより、親がいじわるされるほうが切ないですね」

「お土産は金額の問題ではなく心遣いをもらうことですね」と対話で取り上げた。「言葉に表せませんが、ご本人は奥様にとても感謝していると思いますよ」と言うと、妻は「(自分の介護に) ありがとうと言ってくれることもあります。何に対してのありがとうか本人も分かっていないのでしょうが」と言いつつ、嬉しそうであった。

介護に困難が多いときは、介護の別の選択肢を勧めるだけでなく、家族にとっての介護という行為の意味や意義を考えることが大切な治療者の役割と感じた事例であった。

本人の想いを家族が汲む

ある七一歳の女性がアルツハイマー型認知症と診断され、コリンエステラーゼ阻害薬の処方が開始されたしかし戸数か月後に多量の残薬が見つかり、そのことで同居している息子が本人を責めた。本人は服薬するつもりでいて忘れていたのか、それとも認知症であることを認めたくなかったのか、そうした気持ちを聴く前に家族は責めてしまうものである。「せっかく処方してくれた先生に申し訳ない」などと気遣う家族もいる。認知症診療ではありふれた親子の対話である。

息子　どうして飲まないの？ 病気が進んじゃうだろ。この前、薬を飲むって自分でも言っただろ。
本人　たまには忘れることだってあるよ。
息子　たまにじゃないだろ。こんなに薬が余っているんだから。
本人　分かっているわよ。
息子　せっかく先生が出してくれたのに。
本人　分かっているわよ。
息子　分かってないよ。
本人　分かっているわよ。
息子　病気が進んじゃうだろ。
本人　進んだっていいわよ。
息子　進んだら困るだろ。
本人　進んだって困らないわよ。
息子　俺が困るだろ。
本人　分かったわよ。
本人と息子との問でやり取りが続いたが、その後も本人が服薬を承諾することはなかった。しかし、後日、息子の妻が薬を用意したら、口論などなかったかのように本人は薬を飲んだ。激しい口論の原因は本人の気持ちの置き場にあったのであろうか。
家族による治療の必要性の説得に、ときに医師やスタッフが加担してしまうことがある。本人の気持ちや言い分も聞かずに「息子さんもそう言っているから、飲みましょう」とスタッフが言ってしまうことがあるが、それでは本人の信頼を得ることはできない。家族に席を外してもらい本人とだけ話すことが望ましい。薬を飲みたくない気持ちなら飲みたくない気持ちを、何らかの意図があって服薬しなかったのならその意図を聴かなければ治療やケアは進まない。治療のプロセスの中で最も重要な場面の一つかもしれない。説得するのではなく、本人の服薬や受診に対する想いを話してもらうことが重要である。副作用があって不安になって服薬を止めたが、そのことを説明するタイミングがないままになっていたのかもしれない。「認知症の一つだと聞いたが自分は納得していない」「薬を飲むのは自分から病気だと認めるようで嫌だ」と言う人もいる。「年をとってぼけるのは仕方ないこと。しかも脳や意識に作用する薬なんて飲みたくない」と言う人もいる。

そして本人を服薬を忘れても、飲まなかったことを家族は責めるのではなく、服薬しなかった理由を理解しようとしなければばならない。以前に記憶障害から本人が大切な約束を忘れたとき、「家族が覚えておけばよかったね。まかせっきりにした私（娘）が悪かったわ。母さん、ごめんなさい」と本人に謝った家族がいた。こうした家族と暮らす認知症の人は、混乱がなく情動的に安定しリハビリテーションの効果も高い。本人の想いを家族に汲んでもらうことは容易なことではないか、ついつい意地を張ってしまい素直になれない本人の想いを家族に伝えることも治療者の重要な役割である。そのときは、家族と治療者が一対一で話すほうがよいようである。

※「認知症と対話で繋がる」は『認知症の精神療法』（ＨＯＵＳＥ出版）より抜粋して、転載しています。

六章　あいだは「愛だ」

最首悟×辻信一

最首悟
和光大学名誉教授・駿台予備学校論文科講師・評論家

辻信一
明治学院大学名誉教授・ナマケモノ倶楽部代表・文化人類学者

星子（せいこ）

辻　「心の話」という、最近の文章を読ませていただき、感動したんです。
ここでは、星子さんの話が中心になってます。やはり、最首さんの思想には、星子さんの存在が真ん中にあると言っていいんでしょうね。僕はもう二〇何年か前に、『星子が居る』（世織書房、一九九八年）という本を読みました。あの本に僕は衝撃を受けました。自己紹介を兼ねて、星子さんの紹介をお願いいたします。

最首　私は現在八五歳になりまして（二〇二二年）。私が四〇歳のときにダウン症の星子が生まれました。三人、上に子がいて（一男二女）、星子はその四番目の三女ということになります。

現在（二〇二二年）星子は四五歳になるわけです。私の時代と言うとおかしいですけど、若い頃というか、隔世の感があります。

最首悟氏と星子さん

当時はダウン症の子は、早死にするという。生きても三〇代とかいうことだったんですけど。今はもう六〇代まで生きる人も出てきて、それこそ隔世の感があります。

星子はダウン症で、心臓が弱いことと、それから、白内障が起こると言われていました。その白内障がついに起こって、八歳の頃、白内障の手術が失敗したんですね。片目は網膜剥離でした。それで星子は全盲ということになって。それまでは、言葉が少し出ていたんですけど、全盲になってから、何だかダウン症だけじゃない、何か別の病気を患ってるみたいになりまして。

何もできないというか、物を掴（つか）まない、食べるのも食べさせてもらう、そして噛まないで丸のみにするんです。どうもこれはって、診させてくださいという方も何人かいましたが、またそこは母親が反対するということもあって。

胎内多重汚染

最首　私は、本当にダウン症だけかとただ疑うだけで、一九七六年というのは、大変な子どもが本当に多く生まれている年で、四月には乙武君も生まれてるんですね。

私たち親の会（障害児の親の会）も、乙武君と同じ症状の明るい男の子がいましてね、本当にだるまさんのように。そういう四肢疾患、四肢欠損の子どもが生まれたんです。

そのあとに環境公害で、杉並病が出て来て、原因がわからない。あるいは、わかるはずもないと言いますからね。

私は、水俣病に関わったものですから、多重化学物質の胎内多重汚染症というようなことが、胎児性水俣病の本当の実態だろうと思います。星子も、その胎内多重汚染症のすそ野にいるんじゃないかと思いましてね。私の周りで、学生で結婚した夫婦にも、そういう子が生まれたりね。その頃、曽野綾子の『神の汚れた手』（朝日新聞社、一九八五年）が、上下二巻出て。産婦人科の医師が奇形児を死産扱いにすることを淡々と行うことなどを題材として命の選別について問う。これは、実は私の今やっている、やまゆり事件とも関わるんですけども。

一九七一年にジョセフ・フレッチャーが、「人の基準」の第一項目で、「最小限の知性。スタンフォード・ピネー式知能検査で四〇以下、またはそれと類似したテストで知能指数四〇以下は人間であるかが疑わしい。二〇以下は人としては通用しない」とした。つまりＩＱ二〇以下は人間ではないとした。それが、生命倫理として、脳死に結実というとおかしいけど、脳死が人間の死の規定に至るんです。実に割り切るというか、ＩＱ二〇以下は人間ではないという、そういう区切りっていうのが出てきたりして。それが一九七一年です。胎内多重汚染症はたぶん、ダイオキシンが関わってると思うんですけども、当時はただならぬ状態でしたね。星子もその一員かなと思いましてね。

星子に頼り頼られる

最首　それ以降、全く星子の状態は改善しないで、そりゃ母親は、星子も大人になったわよねっていうようなときが時々あるんだけども、変わらずずっと続いてきました。私の子どもたちは三人とも出て、今、星子と、私たち二親の三人暮らしなんですけども、星子が家に居ることで何とも言えない、まあ、穏やかなんですよね。星子がいるということが、やっぱり、何と言ったって、穏(おだ)やかな原因だと思って。

我が家では、星子を中心というような感じで、母親も星子のおかげよねっていうことが多いんです。私もね、そう思うときがある。こうやって暮らしてるっていうのは、星子のおかげ。あるいは、私たち星子に頼ってるんじゃないかっていうようなね。ところが、星子は、頼らなくては生きていけない存在ですよね。鉢植えの草花っていうようなイメージで、やっぱり、水を三日やらないと枯れてしまうようなことで。ところが、星子はそんなことなんて、まあ超越しているというか。

星子はね、喋らないんですけども、よく喋るって、文章に書いたら、何喋ってるんですか、と言われるんです。そう言われると困るんだけども。「私は世話してくれって頼んだ覚えはない」って言ってるような気がするんです。世話してるのは、あんたたちの方の勝手じゃないかみたいな感じがあってね。そうすると、星子が私たちに頼っている感じがないんだけれども、むしろ、私たちが星子に頼るっていうことで、実は、それは星子が無言で、体で、命で叫んでいると。

でもやっぱり人の力はいるんです。他の力がいるんですみたいな。そのように頼られている。私たちが頼ってるっていうのは、頼られてることの、別名かと思ったりします。頼るというのと、頼られるという、これは相互関係ですよね。関係っていうのは、一方通行ではないんだ、そういう気も、するんです。

辻　「穏やか」という言葉を、今使われたんですけども。その穏やかさですね、これが普通、僕たちがイメージする平和な暮らしとか、平穏な暮らしっていうのと、もちろん重なるんだけれども、やっぱり、そこと少し違うところがあるような気がしてまして。先ほど、この三日水をやらないとって話がありましたけれども。

将来、よく幼い子どもを持っている人に「将来が楽しみですね」というふうに声をかけるのが挨拶としてありますよね。そういう言葉をかけられたときに、最首さんが思われたことについて書いていらっしゃいましたが、それとその穏やかさが、どう関わってますかね。

未来のためにということ

最首　本当にそうですね。やっぱり未来ですよね。それから、明日っていうことを考えたりして。そうするとね、やっぱり、明日はあんまり変わらない。本の題名にしたりしました。『明日もまた今日のごとく』（どうぶつ社　一九八八年『新・明日も今日のごとく』二〇一八年　くんぷる）というので、今日という日と、明日という日はそんなに変わらない。

じゃあ、未来はないんですかとはっきり言われるとね、そうは考えてないな、というような感じなんですね。つまり、未来という形での目標とか、それから右肩上がりとか、未来の方が良いとか、そういう感じはないということ。

辻　未来のために、今を投資するとか、という意味とはまた全く別の次元の未来だと。

最首　重心は未来にあって、今、この辛い、働いているのも未来のためだとか、未来のそこでは何もしないかもしれないけども、働いたおかげとして未来があるとかね。それから、子どもが未来で何かになっていくとかね、世界はもっと良くなっているだろうとか、そういう感じはないんです。そういう思いはきつく見えてきたりしてね。

辻　「きつく」というのは、どういう意味で？

最首　きつくというのは、「より高く、より速く、より強く」という、これ、一八八〇年代のフランスの神父さんの作ったモットーです。オリンピックの標語になって。その、「より」というのが、ないんです。それは、結局は、結末っていうスタートから始まって、ちょうど陸上競技みたいに、スタートがあって、ゴールがあって、駆け抜けていくという感じの人生じゃなくなったんです。

ただ、やっぱり、星子も大人よね、ということを言うように、歩んでいる感じはあるんです。

辻　止まってるというわけではない。

最首　そう止まっているっていうのはないですね。

辻　停滞しているのでもない。

最首　うん。それで、変化はあるんですよ。そりゃあもう、少しの変化だけで本当に嬉しいし。星子は便秘気味でしてね。なるべく薬を使わないっていうことになると、一〇日くらいぶりの排便になります。排便があって、自力でしたというのがうれしい。家中もう臭いんですよ。それが、何とも、母親と私とで、うきうきした感じになるんです。これはおかしくてね。臭い臭いって言ってるんですよ。臭い臭いって言いながら、うきうきした気分になって、そういうのが良いですね。

成長を求めつづけない

辻　穏やかになれない社会に、どんどんなってきているような気がするんですけども。それは、やっぱり、明日はもっと今日よりもよいとか、来年はもっといい年にという、前につんのめっているのが僕たち大多数の態度ですよね。

最首　右肩上がりは経済成長がその典型ですけども、そんな右肩上がりでずっといくわけないと皆が思っているだろうに、循環していくっていう感じがないんです。循環に終わりは設定できない。それを無理に設定すると、何か焦ってしまうんじゃないですか。ですから西欧は、ゴールがある、終わりがあるっていうことを、意識した世界だと思うんですね。

それに対して、日本は東洋の一角で、脱亜入欧というわけにいきませんからね。日本の古い自分たちの考えを少しおりていっても、あんまり終わりってことを、意識されてないんじゃないかと思う。やっぱり、これは明治維新以来の、焦っちゃった姿かなとも。その焦った世界っていうのを、一五〇年経ってきて、余計焦ってるような気がする。

辻　最首さんが言われる「この今の穏やかさ」に話を戻しますけれども、目的を設定した世界っていうのは、今度は、その世界を担っている人間は、その目的のために資するというか、目的のために役に立たなければいけないというふうになっていますよね。そういう、プレッシャーの中で生きることになる。

最首　そうですよね。段々と順序が逆になって、本末転倒みたいになってきちゃって。

成りゆく

最首　それでね、星子のおかげと思ういちばん一番は、やっぱり、目標設定を立てる、あるいは、終わりがあるということ。私たちの心の底を覗くとそれはないんじゃないかなって気がしてね。そこにあると思ったのが、成り行くということなんです。因果関係というのは、私たちは、もう実にシンプルな因果関係しか追えないんですけども、ネットワーク的な因果関係というと、もうお手上げなんですね。だから、因果関係っていうと、直線的になるんですよ。未来が、あるいはゴールが上だとすると、上に向かって一直線に進むみたいなイメージになる。因果関係は成り行くっていうことに、ならないんじゃないか。つまり、成り行くというのは、いろんなことが、人と、物と、動物と、草花とか、海の波とか、いろんなものが絡み合って、一つのことがなるという、ちょっと、因果関係は無理。

風が吹くと桶屋が儲かる、そういう辿（たど）り方ができないんじゃないかと。それを、近代の今のあり方というのは、因果関係をバンと置いて、そして、その中で人間は向上していくんだ。西欧はそういう知という、あるいは善というか、普遍というか、目的を与えられている世界なんじゃないか、なんて思うんですね。私たち、成り行くというと、ちょっとって枠組みが取れない。

辻　「成り行き」というすてきな言葉、最近使うんですかね、若い人たちは。

最首　私は授業で言うんですけどね。「結婚することになりました」って言わないかと。「結婚します」とは言わない。もし「結婚します」と言うと、ご祝儀くれないぞって。「結婚することになりました」と挨拶に来られると、どうしてもご祝儀出しちゃう。それは、「なりました」って言われると、私、無関係ではなくなってしまう。つまり、結婚するのはあなたのおかげも入っていて、だから挨拶に来ましたという感じになるんですね。挨拶のときによく、「おかげさまで」と言いますよね。それ言われると、困っちゃってね。おかげさまでって言われたら。俺、何のあれもしてないよとは言えない。

私にはっきりとこのことを位置づけたのは、近代政治学者の丸山眞男の晩年の「つぎつぎとなりゆくいきほひ」という日本の古層の通奏低音でした。この論文が書かれたのが一九七二年なんですね。[注1] 私は、丸山眞男という人そのものの業績について、ずっと批判してきたわけですよね。批判というか、性に合わないというか。だけど、この「つぎつぎとなりゆくいきほひ」っていうのは、いただきますっていう感じでした。

注1『忠誠と反逆』所収「歴史意識の古層」（筑摩書房一九九二年）

責任ということ

最首　だから、私は責任的存在になれないんですよ。それは、茶碗が割れた、ガラスが割れたという。それ割っちゃったっていうよりも、割れたっていうんですよね。そのときに、私の責任はもう認めてるんです。私が割ったことは確か。だけどね、茶碗の方にも事情があるし、もし床が柔らかかったら割れなかった。落としたってよかったんだろうし、いろんなことが絡みあって、茶碗（わん）が割れたのであって、私は、そりゃごめんなさいとは言うものの、全責任があるとは思えない。

辻　それは、日本語には主語がないという話にも繋がってくると思うんですけど。

最首　そうなんです。だからね、今の話で言うとね、責任を取りますっていうのは、実はおこがましいことなんです。だから、本心で責任を取りますと言ったら、お前何様だと思っているんだっていうことになって。

ですから、そういう責任の取り方っていうのは、下心がある責任の取り方になるんですね。責任を取りますって言って、社長を辞めるだけ。それで責任を取ったと思うのは、欺瞞ですよ。次々となりゆく、そういう中では、責任は取れないいんじゃないのか。だからこそ、また、責任を背負って歩くという重さも出てくるわけです。

辻　話を戻していいですか。「心の話」の中に、星子さんによって、自分は、やっと繋ぎ止められたような気がするという文があるんですね。そこに戻っていただいて、この「繋ぎ止められる」というのはどういう感じか、お話してもらえれますか。

最首　それはね、先ほど、辻さんに紹介してもらいましたけども。「星子が居る」というフレーズが、浮かんでくるということの、最初のことなんです。居るっていうことの重さというかね。それで、じゃあ、私はどうなんだっていうと、私も居るんじゃないかと思う。急に落ち着いたような感じがしましてね。居るというのは、日本では随分使います。

リビングルームも居間ですしね、居留守を使うとか、居酒屋とかね。その居るっていう落ち着き方というかね、その場にいるっていうことなんだ、みたいな。驚いたのは、西洋語に、居るっていう表現がないっていうんですよ。

辻　先ほどの「繋ぎ止められる」ですが、それと、「明日もまた今日のように」という表現や、将来が見えない分、今が浮かび上がるという、表現が繋がっていると思うんです。そうすると、最首さんが繋ぎ止められたというのは、以前の最首さんがやっぱり、未来に向けて「する」「居る」よりは「する」方向に、傾いていたっていうことを逆に示していますね。

最首　もうそれに浸りこんでたというか、未来しかないと思ってたというか。だから、今日っていう一日は、いつも駆け抜けたというか、今日も一日だめだったというような一日なんですよね。何のために飯を食ってるのか、そんなのは、今日のためとか何とか、生きるためなんていうんじゃなくて、やっぱり前へ進むために。それこそ、進歩。つまり、学者っていうのは、進歩の権化じゃなきゃいけないって、自然科学の研究者っていうのは、今日なんてないんだ、みたいな感じなんですね。それがね、星子が生まれて、その前に、私の研究ということ自体に、何のためにやるかっていう質問が、東大闘争の中でドッと学生からかかってきたような気がしたんです。新米の助手にとって、うーんというような感じだった。

学者じゃないんだけども、助手というその入り口にある者として、学生から何のために研究してるのかと言われてね。有名な教授が、私には家族がいると言ったんです。何のために研究するかと言われたときに、家族を養うのでと言われたら、ガックリして。本当にそうなのかよって。

辻　面白いこと言いましたね、その人。普通、言わないですよね。

最首　私たちは、武士は食わねど高楊枝（たかようじ）みたいな思いがあってね。食うものも食わないで研究するんだっていう、意気込みじゃないですか。だから、研究するのにお金がかかるっていうことにもまた、引っかかっちゃったわけです。

研究するには、お金を得るためのいろんなところに詣（もうで）っていうかね、神社参りみたいなことをしなきゃいけないわけです。今、アメリカはその典型ですけどね。だけど、そんな研究って何なんだろうという思いも下地としてあったんですけども。

辻　そこに、星子さんが現れたと。

最首　星子がやってきてね。ちょっと大げさだけど、星子はひらめきのようにしてやってきたなんて、あとで書いたりして、また大げさな。でも本当に、私にとっては、星子はひらめきのようにやってきたのです。本当に、いろんなことが変わわれましたというか、星子のおかげっていうか。

役に立つ役に立たないということと、やまゆり園事件

辻　世間でいうような、役に立つ、立たないというその次元で考えると、星子さんはやはり役には立たない。しかし、その星子さんの存在によって、やっぱり最首さんをはじめ、本当に救われている人々がいる。役に立たないということで、どうしても思い出してしまうのは、例の事件。相模原の殺傷事件ですね。やまゆり園事件。最首さんは、『こんなときだから希望は胸に高まってくる』（くんぷる、二〇一九年）でも書かれてますけれど

も、この問題に深い関心をお持ちになって、そして、実際に関わってこられたわけですけども。その経緯を話していただけますか。

最首　そうですね。その前から、新聞などのインタビューなんかも受けていたんです。植松青年と私は呼ぶんですけども。直接植松青年から私に手紙が来ましてね。その手紙に問いかけが二点あったんです。

一点目は、「奥さんがどんなに苦労してるのか、あんたわかるのか」ということ。奥さんがもう疲労困憊してるんじゃないかっていう。二点目が、これズバリで、「大学っていうところは、優生思想の場だろう」と言うんですね。あんたも大学人なら優生思想だろう。それと、星子のような子どもを育ててるのは矛盾している。私は、重度障がい者を殺した。あんたは実行しないじゃないかって言うんですね。これは、答えないわけにはいかないだろうというのでね。

辻　そうすると、まず、あの事件についてのインタビューを受けてらっしゃって、それを、彼が聞いたということですか。

最首　そうなんですね。いろいろ聞いたか、読んだかして。ＩＱ二〇以下もね、彼は使うのでね、それはやっぱり、仕入れてると思うんです。それから、私の住所を知るわけがないので、それも新聞記者たちから聞いてるわけですね。それでね、面会に行ったあと、手紙を書き始めましてね。

辻　まず会いに行かれたんですね。

最首　会いに行きました、七月六日。

辻　その印象はどうでした。

最首　輪郭がはっきりしなくて、ぼけていて、この青年が、あれ程のことができるのかと思うような人でしたね。

ただ、二回しか会ってないんですけど。二回目に会ったときは、違いました。手紙を書き出したら、会いに行ったのも、神奈川新聞の企画もありましてね。手紙を書くのなら、神奈川新聞に載せますかっていうことになって。今は植松青年には届いていません。死刑囚は、一般人からの手紙を読むことはできないんです。ですから、植松死刑囚を支持する人たちに向けてというか、更には、もっと一般の方々に読んでもらうということで、書いているんですけども。植松死刑囚の問いに答えるっていうのは、まだまだ時間がかかる。分量が足りないというかね。まだ序の口のところで。今、私とは何かのところを、ちょっと書いてるんですけどね。私ということは何だろう。

辻　少なくても最初は往復書簡として始まったわけです。それが掲載されたあの本「こんな時だから……」も素晴らしいものでした。

最首『こんな時だから希望は胸に高鳴ってくる』（くんぷる、二〇一九年）という。中原中也のもじりです。

ちょっと長いタイトルですけど。

辻　希望が高鳴ってくるっていうのは、すごいなと思うんですけど。

最首　あの本は、大事な本なんですけども。往復書簡も入れています。今ではそういうふうな形になりませんけれども、往復書簡的に始まっているわけです。それで、二回目に会ったときは、もう手紙の返事が来ないときでした。

辻　本で僕が何に感動したかっていうと、最首さんのものすごい辛抱強さなんですね。相手の一つの言葉を受けて、それについての考えをやっぱり伝えなきゃいけないと思うと、すごい遠回りしてでもゆっくり丁寧に語っていくのでね。もうその辛抱強さとそれを支える心の寛容さに、僕は舌を巻いたというか。あの相模原やまゆり園事件というのは、何なんですかね。要するにどこがポイントなんでしょうかね。ぼくは最首さんほど辛抱強くないので、つい結論を急いじゃう。

最首　ＩＱ二〇以下は人間ではないというようなことを生み出す社会、あるいは文明社会とか、そういう社会の問題だと思うんですね。そして、脳死という考え。新たな規定を設けて、その通りに資するみたいな、そういう社会の問題であると思います。翻って、日本では、まだ脳死は人の死と決められない。脳死は、部分的に手術という、心臓移植ということでは受け入れてやってますけども、まだ脳死は、人の死だとは言い切れない。その言い切れないというところに、私はまた、一つの切り開く道を見てるんですね。

そうすると、植松青年に書いていることは、やっぱり今の体制は、民主主義と称しながら、結局は閉鎖系の中で、専制主義がどうしても最後にはやってくるような社会に対しての異議申し立てということになるわけですね。

辻　彼がですね、大学っていうのは、優生主義の場だろうと書いてくる、これ、とても鋭いと思いますよ。

最首　はい。もう本当にその通りです。

辻　そうすると、その優生主義的な心情といったものが、あの事件の後に、むしろ植松青年への共感として、沸々と湧いてでてくる。それが僕、どのくらいの規模のものかわからないんですけれども。彼に対する、そういううごめきというか、共鳴のざわめきというか、を僕は感じるんです。

最首　それはね、やはり、割り切りを求めるという、単純化したいという気持ちの現れだと思います。何かいろんなことが絡み合って、ああだの、こうだの言っている。そこを、ズバッと割り切るということの魅力だと思うんですね。

辻　わかりやすさでしょうね。

最首　わかりやすさです。将来の不安というのが、いろいろ割り切れなさみたいなところに渦巻いて。もう皆、環境破壊が起こっている、それは人間が起こしてるっていうこともわかってるんだけども。一体、何でそんなことになってるかっていうと、いろいろとこんがらがってしまう。そこで、ズバリと割り切って解決らしきものを示す、たとえば、アメリカではトランプさんが出てきましたけどね。彼は移民は断ると言う。すごい割り切り方です。環境悪化なんか起こってないなんてはっきり言う。多分ね、割り切りということは、嘘でもいいんじゃないかと思うくらいに、力がある。だから、IQ二〇以下は人間じゃない、もう人間扱いしないようにしようと言ったら、すごい何かすっきりした気持ちになるんじゃないかと思う。

辻　わかりやすさの怖さですね。ジョン・キーツという詩人がいった「ネガティブ・ケーパビリティ」という言葉がありますね。「わからなさに耐える能力」が大切だと思うんです。この能力が現代ではすっかり劣えて、もっぱら「わかる能力（ポジティブ・ケイパビリティ）」ばかりが重視されている。

最首　わかりやすさです。それで、私は、「割り切れないよ」っていうことを言い続ける覚悟というか、そんな簡単に、この命ということで、私たちは、命を生きたりなんかしてない。命に生きてるようなこの世界で、命が割り切れますかっていうような問いをする。これはね、星子を通しての問いなんですよね。命って割り切れますかと。

二者性

辻　そういう議論の中で、最首さんから「二者性」という言葉が出てきますね。これもね、本当に重要な言葉だなと思ってるんです。これを皆さんのためにわかりやすく説明していただきたいんですけども。わかりやすさが怖いって言ったばかりで恐縮ですが。

最首　私は、命というのは、わからないということが、まずデンと座っているというか。そのことを、皆、受け入れるようになったらという思いが、まずあります。そして、なぜわからないのかについて、問いの答えが出ないということも、経験してもらいたいと思っているんです。

命というのは、そのわからなさの中で、私たちの生きている実感としては、これだけの多様な生物が一緒に生きているということ。共に生きている、いろんな関係を持って生きていることが、いちばん大事なんだと。命とは、「共に」という本質を持っているそんな感じなんです。その「共に」というところから、今の社会を批判したい。今の文明社会では個人が、独り立ちすることが可能なような、幻想がはびこっている。個人の自立という幻想を、必須の条件みたいにして、成り立っている。これはね、すごくおかしいんじゃないかと思う。

自立っていうのは、同時に自ら律することでもあるんですけども。自分が生活そのものについて、あるいは、存在として一個の、変わらないものであるっていうような幻想を持っている。

辻　実体ですね。

最首　その実体はどこから来るかと言ったら、神から人格（アイデンティティ）を与えられましたよ、などという、急にご託宣（たくせん）になってしまう。私たちは、そういう自己というものに対してのご託宣というのを、皆一緒にというか、大多数が持っているというわけにはいかない。私というのは、命の中に、ずっと消えていくような、軌跡をもってるんじゃないかと思う。

辻　星子さんの存在を通して、二者性というところに至ったわけですから、星子さんとの生活に則して話していただくと、わかりやすいかと思うんです。

最首　そうですね。やっぱりね、星子というのを抜きにして、私はいないみたいです。星子をあなたと言うと、あなたと私ということ、星子と私というふうに、わかりやすく出てくるみたいです。じゃあ、母親と星子というのはどうなのか、とか。どうも、共にというのは、最低二つの複数概念じゃないかと思うのですよ。一ということじゃない。二からゼロにはいくけども、二から一にはいかないんじゃないかという感じでね。二を単位とする。私たちは人間というと人の間みたいなおかしな言い方をしてるけど、それは、二ということを表そうとしていることなんじゃないかなと思うんですよ。

関係っていうのは、少なくともこれとこれがあって、その間ですから。その間っていうのには、最低二ついるでしょうみたいな考えなんです。あなたと私。英語での「I」と「YOU」に当たるものがこの日本では、まさにない。日本では「あなた」と「私」は対等ではない。

辻　それで戸惑ってもきたし、ふり回されてきたわけですよね、我々は。それで、そのIとyouの「あいだ」の話なんですけれども、二者性っていうこととの関係でそれを説明すると、どうなりますか。

最首　アイファーストという、日本には私を先に立てるという考えがないんですね。「あなたと私」と言ったときに、「あなた」というと、どうしたって、君、様というのと同じで、ちょっとあなたが上なんですよ。あなたと私で、私を立てるわけにいかない。あなたを立てて、「共に」という感じ。

もう一つはね、私たち、日本人は非常にプラグマティックというか、実際的でけっこうしぶとくてしたたかなんです。だから、あなたを立てて、そしてあなたをタテとして、生きてるんじゃないかと思うんです。

辻　立てるっていうのは盾でもあると。

最首　盾(たて)に、平仮名のるを振って、盾(たて)るって読もうと。あなたを盾る、そして、あなたを先頭に立てて風よけにする。あなたを立てて、あなたに守ってもらう。ある意味では、自分で守ることができない。あなたにまず守ってもらいたい。

辻　それを盾にして、陰に居る。

最首　陰にいるんです。ずるいということもある。でも、遠慮もあります。遠慮しますというとき、あなたの後ろにいるみたいな感じなんです。私たちは、争いごとについては、和を消極的に得たいと思っている。ところが、西欧的なアイファーストでは、緊張に満ちている。民主主義は、日々、緊張に満ちて維持しなければならない。和というのは、戦って勝ち取るものです。私たちには、そういう平和の考えがない。戦って勝ち取る平和は、どうも性分合わないんでね。むしろ、争わないで、消極的な和を保つ、そのためにこそ、実はあなたを立てることが必要ということがあります。

政治では、あまりこの原則ではうまくいかないんです。大体、俺は俺はってしゃしゃり出てくる人に対しては、どうしても下心がありそうだ。そうじゃなくて、嫌です嫌ですと言いながら周りから押し出されて、いたし方なく首長になる。まずは遠慮するのが私たちです。

辻　あと、『こんな時だから希望は胸にかがやいている』で書かれてますけれども、関西方言なんかで、相手に対して、「あなた」という代わりに「自分」と。自分何とかやん、みたいなね。

最首　自分というと、ニュートラルというか。己(おのれ)とか、おんどりゃとか、てめえとか言ってるけど、自分のことなんですよ。母親が子どもに「自分何したのよ」と叱っているのは、相手の身になって、自分って言ってるんだって言うけども、やっぱり自分も入ってしまっている。それは、自他未分の現れのように思われます。

人間

辻　そうすると、あなたも私も実体ではないですよね。

最首　そうなんです。哲学的に難しく言うと、間という字を使って、間主体などと。間主体というのは、全く形がないのです。抽象そのもので。でも、そういうものを、私たちは常識として持っている。だから「あいだ」ということが、どういう形になって、この私たちの生活を律してるか。

辻　あと、人間という言葉ですよね。

最首　人間は人のいる場所を意味する人間という言葉がもとです。

辻　これは、いつ頃の言葉なんですかね。

最首　古いことは古い。七世紀っていうのは、もうはっきりしてると思うんです。

辻　中国由来でしょ？

最首　中国由来です。人間は呉音です。漢音では人間と読みます。ジンカンは人の住む場所、人の世界という意味です。戦国時代、一六世紀、一七世紀、その辺から表だってくる。五、六世紀に入ってきた人間が後になって、人と思ったのは、その誤用であるという、辞典ではね。「人」の意味で用いたのは、その誤用であるという。ところが、古く人間の意味で使っている。井原西鶴は人間を今の形で使って、もう西鶴の頃から、人間はなくなって、人間になってくるんですね。今のように使われるようになったのは、明治の翻訳語だと思うんです。

　私がジンカンっておかしい、人間っておかしいじゃないかと思ったのは、人間研究というと、西欧の本に多い。だから、ヒューマンカインドとか、パーソンとか、ヒューマンビーイングとか、そういうものを訳すときに、人間を当てはめた。日本で使ってないからいいんじゃないかって感じですね。でもね、「人のあいだ」を人と言う。私はずっとモヤモヤしていて周りの人に聞いて回っても、何がおかしいのですか？という感じで。私たちは、すっかり人間を人と思ってるんですよね。そうじゃないんだけどなって思って。じゃあ、人じゃないかって言われると、困る。人なんだけども、その人の在り方が、西欧的な実体じゃないんですよね。

辻　「あいだ」がやっぱりそこに入ってくるからですね。

最首　「あいだ」ということの中に、実は、共にっていうことが、生きてるんじゃないかと思い始めたのです。

辻　とにかく、その間っていう概念が、どうも僕が聞いたところでは、朝鮮語にも、いわゆるネイティブな言葉があるみたいですね。サイっていう、あいだにあたる言葉がある。だから、単に中国語から来たカン（間）とは、また違うものがあるらしいんですよね。

インド人のサティシュ・クマールのことは最首さんも注目されていたわけですけど。最近、彼の『エレガント・シンプリシティ「簡素」に美しく生きる』（ＮＨＫ出版、二〇二一年）という本を訳したんです。あの中にも、出てくるんですけど。ヒューマンっていう言葉は、フムスっていう言葉から元々来ているという。腐植土、つまり土と水という生命を育む土壌という意味なんですね。ヒューミリティという言葉も生まれた。ヒューミリティは、謙虚という意味ですね。そういう意味ではジンカンという言葉にも通じるような何かを、ちょっとほのめかしているような気もしますが。

最首　そうですか。

辻　僕、「あいだ」の話になると、自分では盛り上がるんですけど、それがどれだけ伝わってるかっていうのがちょっと不安で。

最首　私も二者性ということで、「あいだ」を書いています。私がやっぱり、肝心なところをちゃんと表現するのには、蚊取り線香みたいに段々と中心にいくというか、まだまだです。

辻　わかります。だって、そもそも植松青年あての四三通の手紙を見ても、まさにあれ蚊取り線香的ですもん。やっぱり、周りからうらせん的にゆっくりと進んでいくんですよね。でも、それが最首さんの単なる方法ではなくて、思想の本質的なものを示しているような気がしましてね。

最首　きちっと二者性のことを言ってないんですけども。とにかく私が作った言葉ですので、八五歳でこんなことを言うのもなんだけども、段々と形を成していきたいと思っております。

辻　ぼくが大きく影響を受けてきたサティシュ・クマールのことを出しましたけども、彼は最首さんと大体同い年なんですね。

最首　そうですかね。

辻　どうですか。彼の本、読まれて。

最首　やっぱり、二者性というふうにはならない。たとえば、個人ということ、個人という一者性と、一者性が全体性を帯びたというときの統合体という意味での、個体ですね。そのところを論じていく。私の方は、曖昧な二人ということが根底となって、どこが私だかわからないような私っていうことを、追求しようとしてるんですね。

辻　サティシュ・クマールの本に『君あり故に我あり』（尾関修・尾関沢人翻訳、講談社学術文庫）があります。英語で言うと、You are therefor I am という。これは、元々はサンスクリット由来のソーハムという表現だという。ソーハムとは、「そこ、ここ」といった意味で、そことここが混然一体となっているような状態なんじゃないのかと想像するんです。

最首　「君あり故に我あり」という言い方は、デカルトの「我思う故に我あり」と同じように、スパッと言い切った、論理的に言い切った感じになってしまいますのでね。あなたあっての私と言いながら、私に力点があるという感じです。私はやっぱりあなたと溶け合っちゃってる。これ、オギュスタン・ベルクの通態ですけれどね、何か溶けてるんですよ。辻さんと私は、どこかで溶けてるわけ。そこが、辻さんあって、故に我ありじゃないんですよね。辻さんっていうと、私の中に、辻さんがビューっと餅を引き延ばしたように入ってくるような、そういう二者性。それは今、辻さんがいちばん私の関心事で喋っているのでそうなるけども、星子がびゅーっと入ってきてる感じはいつとは言えないのです。なかなか、「故に」が言えないんですよね。

辻　なるほど。やっぱり「故に」って、非常に論理的ですね。

最首　そうなんです。サティシュ・クマールは、やっぱりそこら辺は論理的なんです。

辻　なるほど。では次に現代の世界、社会について、お話を伺いたいと思います。環境問題も非常に深刻ですけれども、もう一つ、人間の危機、社会の危機として。コロナのパンデミックよりも、実は深刻なのは、孤独、孤立のパンデミックじゃないかという気がしてます。世界中が、もうとにかく分離され、分断され、そして、人々がバラバラになってしまった。元々バラバラでは生きられない存在が、バラバラになるわけですから、もう生きづらくて、苦しくて、死を選ぶ人も非常にたくさん出てくる。そういう今の時代だと思いますけれども。そんな今の世界を、最首さんはどういうふうに見られているか。そして、この世界が、どっちの方向にこれから向いていけばいいというふうに思ってらっしゃるか。

関係性

最首　そうですね。やっぱり、個人という自立した存在というのは、それはすごい概念、考えだったと思うんです。キリスト教のような唯一神教を除いて、個人が誕生できるかというと、どうもできない。日本では個人というと、関係を絶たなきゃ個人にはなれないんじゃないかって、なんかもう、強迫観念みたいなので。いろんなしがらみを切って切っていかないと、俺は個人になれないんだということを明治からやってきて。そして、一九七〇年代からも、その関係を絶つということに必死になってきた。

そんなの関係ねえって、コメディアンの小島なんとかさんは、裸で叫ぶ。カラスの勝手でしょとかね、「情けは人の為ならず」が情けをかけてはいけない意味になって来て。情けという関係を人に与えると、その人がだめになってしまう。だから、私は情けをかけないと、そういうふうに解釈して、関係を絶ち切る。

辻　「情けは人の為ならず」は元来、人にかけた情けが自分に回ってくる、そんな意味だったのに、それが変わったわけですね。

最首　関係を切って、個人になれたと思ったら、気が付くと孤独の孤立。そうすると、孤立した個人にしかなれないという、日本は、もうそこまできているような状態なんですね。リセットということが、結局は、死ということにしかならない。そのリセットも手が込んできて、人を巻き込まなきゃリセットができないみたいなね、そりゃ植松青年も同じです。

私は、関係っていうのは、切ろうとしても切れないんだと、まず思います。関係っていうのは、自分ではどうこうできる、そんな勝手なものじゃない。関係は紡(つむ)ぐというそもそもの性質を持っている。関係は紡いでいくるいは、元から関係があるんだっていうことなんですね。ですから、命の原初関係はわからないというのは、もう関係そのものなんです。

辻　関係から、「あいだ」から、私は生まれてきたわけですね。

最首　そうなんです。関係を紡ぐということの中でしか、私たちは生きられないんで。そのときにいちばん大事なのは、自分がどういうふうに頼られてる関係にあるかっていうことなんですね。自分は頼ることをしないと決めても、頼られちゃうんですよ。たとえば、ここに、さっきも言いましたけども、枯れそうな草花があった。水をあげたら、その草花が生き返ったというときに、私はその草花に頼られていたんだと思う。グレゴリー・ベイトソンじゃないけども、サクラソウにしても、アメーバにしても、私と関係があるんだよっていうことなんです。

頼り頼られるとか、関係があるっていうのは、人と人とのことでしか考えないっていうのがまず間違い。もうそこら辺いっぱいに、そういう関係は満ち満ちてるわけです。その中で、必ず私は頼られている。孤独なこの私が、頼られているんですよ。それに応じるというときに、初めて、私というのは、ある満足を得る。頼り頼られるのは一つのことということを自分で言ってみると、自分が何か落ち着くということが絶対にありますよって。絶対になんて言いたくないけども。

私は孤独だって、冗談じゃない。孤独では、一瞬も生きてはいられない。あんたがいかに頼られてる存在なのか、それちょっと考えると違ってくるぜ、みたいなことを言ってるわけです。だから、星子から頼られてるなっていうのは、それは、自分から言ったらおこがましいけども、私が星子に頼って、そして星子からもやっぱり頼られているんじゃないかと。

そして、星子が私を頼っているというとき、星子がスパッとそれを切るような、私はあんたなんかに頼ってないよって言っているような気もする。だけども、私は星子に頼るのをやめられない。そうすると、やっぱり星子も私も頼ってるんだろうなと思うわけです。頼り頼られるは一つのことっていうのは、今、一つのモットーみたいにして言ってて。そうすると、皆さん、そうかなと思ってくれることがある。

辻　それが、愛に繋がる。

最首　愛って、私たちには、何であるアイデアル。アイラブユーとは言えない。私が今述べた、頼り頼られるは一つのことっていうのは、二者性の一つの言い換えなんですけど。二者性は愛だ、と言えないことはない。やっぱり私たちの愛って、結構広いんだと思います。

ゆ

辻　広くて深いですね。さて、最後にね、僕、リクエストがあるんですけど。最首さんのおまじない。皆さんに教えてあげてほしいなと思うんです。あの「ゆ」のおまじない。

最首　「ゆ」というのが、ゆるゆるでね。

辻　「ゆ」というのは確かに、考えてみると、非常に特殊な音ですね。

最首　そうですね。「ゆ」というのはね。それでね、ゆるゆるからゆるすまでにいたる。ゆるすっていうのは、漢字で書くとね、罪を許(ゆる)すなどの許すという許すの次にね、聴(き)く、聴覚のチョウと書いて、その漢字に、「す」と平仮名を書いて、聴(ゆる)すって読むんです。

人の言っていることをね、ぼーっと聞いててもいいと。お互いに心が開いてきて、ゆるゆるする。ゆるすとゆゆるゆる、そうか。開く言葉なんですね。開くんだって言うんですよ。お湯に入ると。毛穴が開くっていう。ゆるい。初めて新学期を教える先生にメッセージを書いたことがあります。その最後にね、おまじないですよ、みたいなことでね、「ゆ」を言ったんです。

辻 これはぜひ、皆さんに書き取ってもらって、おまじないとして使っていただきたい。

最首 「ゆ」ばっかりです。

ゆっくりゆるむ
ゆったりゆらるぐ
ゆらぐ
ゆする
ゆさゆさ
ゆうゆう
ゆたか
ゆらゆら
めゆ

辻 何か、お風呂に入りたくなってきましたね。いや、本当に、「ゆ」っていうのは不思議な音でマジカルなパワーを秘めているようです。

最首　お湯に入るっていうのは、まさにそうなんですけどね。それから、産湯っていうのが、非常に大きな私たちの体験の中にあるわけで。三島由紀夫は、産湯のたらいに注ぐ金色の光を見たって言うんですけど。ゆっていうことを思ってるとね、随分違ってきますね。

辻　これ、特に学校の先生には、大切かもしれない、このおまじない。皆、ガチガチになってるから。

最首　もう追い立てられてね、時間に追い立てられて、余裕がなくなっちゃうと、もう教えるっていうことが出来なくなっています。そこら辺のところです。

辻　この、「ゆ」のおまじないの最後に「ゆめ」という言葉が出てきますね。

最首　「ゆめ」というのはね、よく使われる言葉なんだけど。どうも、目標とかね、人生のゴールみたいな、そういう意味で使われることが多いと思うんです。でも、考えてみると、もともと夜見る夢ね、あれと同じ言葉ですね、だから、そんな方向性を持った言葉じゃなかったはずなんです。まどろみですよね。星子はね、結構まどろんでるんですよ。私たちにまどろんでるなんてことはあったかな。まどろむ星子。

ゆっくりゆったり

辻　星子さんが、音楽を聴いている。そのときに、星子さんの世界っていうのは一体どういう世界なんだろうって思われるっていうことも、書かれてますけど。

僕たちは、もしかしたら、本当に星子さんが生きてる豊かな、あ、これも「ゆ」だ。豊かな世界を、やっぱりなかなかわかりきれないわけですね。しかし現代社会では「ゆめ」という言葉が、変なところに持っていかれている気がしているんです。社会が子どもたちに夢を持ってせっついている。子供たちは「ゆめ」を持たないといけないというプレッシャーを感じる。そして逆に、「ゆめ」に今度は支配されるようなことになる、それだと悲しいなと思うんです。

最首　「ゆめ」は、悠然に繋がってると思いますね。ゆうゆうから悠然とした。それで、びくともしないっていうと何か強そうですけども、そこら辺のところが、まどろみがびくともしないみたいな。

私は今日もツイッターで今が正念場だと思うと書いたんですけど。やっぱり、ゆっくりゆったりしないとねっていうことでね。そんなことをしてたら死んじゃうと思ったら、本当にゆっくりしてごらんなさいよ。それで、死ねるかどうかっていうようなことでね　皆、何か心配だらけですから。イライラして、心配だらけでね。

辻　本当に孤独で苦しんでいる若者や、子どもが多いと思うんです。でもその一方に先ほど最首さんが言われた、「孤独だなんて、冗談じゃないよ」というのも本当です。孤独なはずの私っていうのが、実はもう、ありとあらゆるものに頼られてる存在だと。

最首　本当に孤独っていうのは、無価値に繋がっちゃってるんですよね。自分が本当に何の意味もない存在だと。そこは、あんたが森羅万象、いろんなことがあんたを頼りにしてるよっていうことがね。あんた本当に頼られてるんだよっていうのも本当です。そういうのが、通じるといいんですけどね。

辻　植松青年にも、それを最首さんは語りかけているわけですよね。

最首　そうなんです。もうだいぶ、まだまだ先ですけれども、植松青年って私は言ってますけども、あんたいかに頼られる存在なのかっていうのを、直接言わないでね、植松青年が本当にそうだなと思ってほしいと思うんですよ。今、植松青年に直接通じないので、植松青年と同じような思いの青年にね、語りかけているっていうことなんですけども。

辻　あと、聴(ゆる)すっていう言葉。聴覚のチョウを書いて「ゆるす」と読む。あれは、辞書にあるわけなんですね。

最首　載ってます。それから、原っぱの原に平仮名のすで、原(ゆる)すなんですね。「原」と「す」は少しいろんな事実を集めての上でのゆるすというのがあるんです。どこかでゆるゆるなんて、結局はゆるゆるなんですよ。どこかでゆるゆるするっていうことになっていくんです。原っぱが、原点ですね。ゆるゆるという原点へという感じを、勝手に思ってもいいと思います。

辻　なるほど。ゆるゆるっていうのが、まさに二者性かもしれない。

最首　はい。自分一人では自分のことはどうにもならないし、人のことを自分が何かすることにはどうもならない。二者っていうことの中で、お互い勝手にどうすることもできないけども、というそこら辺のことを加味して。複雑なんですけどね。自分は、そういう意味では、頼られてるのも自由じゃないけども、そういう意味で、二者性っていうのも、ある意味では縛られているんですよ。ですから、そう勝手な自分、自由な存在じゃない。だから、自由独立っていうことは、二者性にはないわけです。私はね、自由っていうのはね、自ら湧くって言葉を使ってるんですけどね。自湧(じゆう)である。自(おの)ずからわいてくることを、自由というなんだなということを、また言ってますけど。

辻　おのずからわくということですね。いやあ、素敵な言葉遊びというか、ダジャレが最首さんのうちからそれこそこんこんと湧いてきますね。

最首　だから、辻さんの活動もね、どこかでやっぱり、自(おの)ずからに通じていくわけです。自(おの)ずからっていうね、何かいいでしょう。自(み)ずからじゃないんです。

七章　地域と人と苦労で繋がって

北海道医療大学最終講義より・向谷地生良

はじめに

早いもので現在は、北海道医療大学にお世話になって今年（二〇二二年）で一八年が経ち、定年退職の日を迎えたんですけども、私にしてみると一九七八年に大学を卒業してから現在までずっとソーシャルワーカーとして、私なりの「フィールドリサーチ」を四三年実践してきた中でのひとつの「中間地点」だと思っていますが、これまでお世話になった皆さんに対する感謝とこれからに向けての挨拶の機会としてこの場を持たせていただければと思っております。

さて、実は今回の最終講義の「裏のチラシ」というのがありまして、「向谷地は本当に来るのか？」というキーワードが書かれてたんですけど、この最終講義を準備された方々の脳裏に浮かんだ最初の〝お客さん〟が「本当に来るのか？」だったと思うんです。それも当然だと思うんですね。何故なら、私の「自己病名」は、「先天性忘れ物症候群諦めタイプ」ですし、今日現在の私のメールアドレスの未読件数が二万七千件なんですね。サブの自己病名が「メール未読症候群諦めタイプ」ですから、今日もどこかで、誰かにご迷惑をかけ続けているわけです。そんな中で、チラシができて間もなく実は先週一週間入院するというアクシデントに見舞われて、簡単な手術でしたけども、はじめて全身麻酔でお腹の手術をしました。三日前までは、入院していたってこともありまして、傷口をかばうように背中を丸めて廊下を静々と歩いていたんですけど、まあやっと少し傷のはりも取れて、今日も少し喉の方も落ち着いてきて話せるようになったところです。

話は「脱線」しますが、不思議なもので、毎年べてるでは「今年の一字」を決めるんですけど、「向谷地さん今年の一字は何ですか？」って担当のスタッフに聴かれた時に私は「脱」って言ったんですね。いわゆるいろんな既成の概念から、今までの発想から抜け出て、脱出していく。エクソダスです。そしたら、お腹から足にかけての痛みとしびれがあって病院へ行ったら「腸壁ヘルニア〝脱〟腸です」と言われて、あっ「脱」はそこにつながったのかということで。これまた変なオチでですね。

それからもう一つ忘れられないのが、ちょっと前にあるメンバーさんが「解離」を起こして路上で倒れてしまって動けなったことがありまして。非常に体格のいい方だったんですけど、その方を持ち上げようとしたらですね、腰から背中にかけて布を引き裂くような体感と激痛が走りまして。これは何だっていうことで私はしばらく腰痛のコルセットをしていたんですが、病院を受診したらですね、なんと「大動脈の急性解離」だったんですね。まさに九死に一生を得た感じです。「解離」で倒れたメンバーさんを抱き上げた時に、たまたま血圧が高かったんだと思います。そこで私の中で「解離」が起きちゃった。これはまた起きてる現実と身体が連結するっていう不思議な経験ですね。これもまた面白いですね。それ以来、二キロ以上の重さを持ってはだめですとか、走っちゃダメですとか、夜更かししちゃダメですとか、安静に暮らしてくださいって言われながら、それを守らずに札幌で一八年に及ぶ単身生活、それもほとんどキャンプ生活のような不摂生な生活をしています。

これでも、こうして今まで生きてこれたということで、多くのみなさんに支えられて、今日まで来れたって本当に感謝だなというふうに思っています。

べてるのこれまでの歴史

これまでの実践報告と私なりのこれからの新しいチャレンジ課題をみなさんにお示して、一応区切りをつけたいと思ってこの場を活用させていただきます。

この四三年の歩みを共に歩んだ仲間の現社会福祉法人べてるの理事長（二〇二二年九月に逝去・名誉理事長）をされている佐々木実さんと「一緒に起業しよう、金儲けしよう」ということで今から三七年前に昆布の産直に取り組んだ早坂潔さんが、冒頭の挨拶を兼ねて来ていただいております。宜しくお願いいたします。

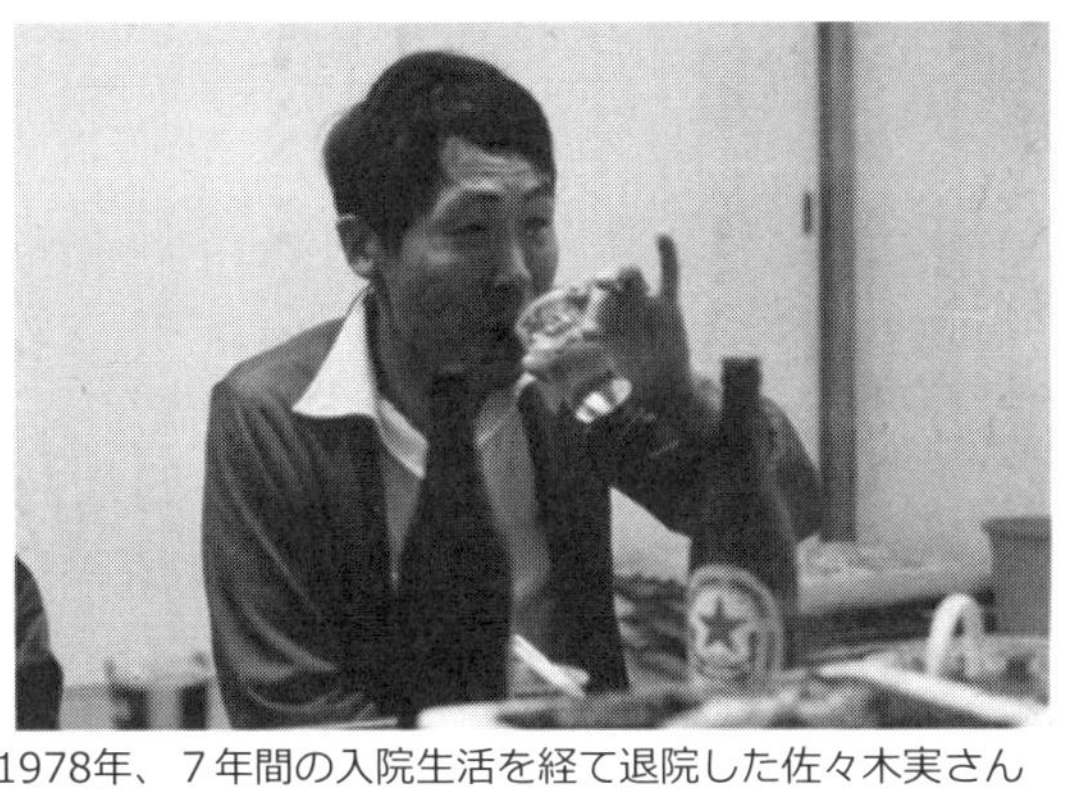
1978年、７年間の入院生活を経て退院した佐々木実さんの退院祝い

佐々木　佐々木実です。向谷地さんとは五〇年近くのお付き合いでお世話になっていました。僕の退院の時に、向谷地さんと仲間何人か交えて、焼肉店で食事したのが最初だったと思います。

向谷地　そうですね。懐かしいですね。ちょうど七年間の入院生活をしていた佐々木さんなんですけども、私が写真にあるように一九七八年四月に赴任して最初に頼まれたのが、佐々木さんの退院のお手伝いだったんですね。佐々木さんはどんな入院生活をされていたかちょっと紹介していただけますか。

佐々木　若くして二七歳くらいで入院したんですけど。その頃はあの精神科に入院するってことはすごく大変な時期で、差別に偏見とかあったんですけど。七年間入院して退院の支援をしてくれたのが隣にいる向谷地さんです。

向谷地　昔の精神科病棟が写ってるかと思うんですが、一九五九年（昭和三四年）に日高管内で最初に開設された精神科病棟なんですが、佐々木さんが通われていた浦河高校の道路を隔てた目の前にあったんですよね。

浦河赤十字病院精神科病棟（1959～2014）
精神科への入院の経験をした人たちが当事者研究の源流となった。

佐々木　そうですね、はい。

向谷地　本当に道路一本挟んで、高校時代にあの鉄格子の向こうでお世話になるなんて想像もしなかった。

佐々木　そうですね。記憶なかったんですけど、入ってみてすごいところだなと思って。今思えば懐かしく思い出されます。

向谷地　そうですね。私はこの建物の一階のいちばん端の部屋がスタッフルームだったんですけども、ここでワーカーとしての仕事をはじめました。私は学生時代にはこの精神保健福祉分野の勉強をしてきたわけではなくて、学生時代はずっと難病患者運動の中に身を置いていて、この当事者運動の中で私は育てられたという気がします。そういう私が縁あって浦河に就職が決まった時に、お世話になった恩師は、今は亡き松井二郎先生ですね。「向谷地君、是非これだけは読んでおいた方がいいぞ」って先生の行きつけのスナックで手渡されたのが、このR・D・レインの『引き裂かれた自己』（みすず書房）でした。

私はこのレインがいかなる人物なのか、この本がどんな意味を持つのかってことは全く分からないままに先生からこの本をいただいてその時に先生からサインをいただいたんです。今でもこれとても大事にしているんですね。それで私は札幌から浦河に行くまで列車、急行えりもに揺られて、この本を読みながら浦河に向かったのが四三年前の一コマですね。

札幌から浦河までは非常に遠く感じましたね。レインはいわゆる反精神医学の旗手と言われていて、英国ではじまったひとつの精神医療改革運動の立役者だったわけですね。

一九七八年当時ですから、七〇年代から八〇年代というのは、脳科学がとても進歩して、精神疾患や統合失調症もいわゆる「脳病」という立場から、精神医学も必死になって「普通の医学」になろうとしていた時代だったと思います。普通の病気として、薬物療法や直接的な治療を施すことによって回復すると。そのような非常にわかりやすい医学的な治療モデルが確立することによっていろんな誤解や偏見もなくなるのではないかという、そういう期待が当事者や家族も含めて時代の空気としてあった気がします。

そのような中でレインは、むしろ人間の「苦悩」に現象学的な立場から焦点を当てて、統合失調症というものに対して、人間としての眼差しや、人の生きにくさや存在、そしてその生きにくさに影響を与える環境、人のつながりや社会の在り方について問題提起をしたというふうに私は思っています。レインは、本の中で、「精神疾患は私たちの思っているほどそんなに複雑で難しいものではないのかもしれない」と述べています。それを難しくしてるのはむしろ周りの環境や社会の側にあるのではないか、という問いかけが書かれているわけですね。それを読みふけりながら浦河に着いたっていうのが今も懐かしく思い出されます。

私が浦河に赴いた頃は、精神疾患は他人に危害を及ぼす恐れのあるものであるから、その社会不安を積極的に除去する必要がある。そのためには、できるだけ長く入院させる必要があること、そのためには家族の経済的な負担を軽減するために、自傷他害の恐れがある場合に適用される「措置入院」と言う強制入院を拡大解釈して適用（経済措置）させて公費負担にするというやり方で、周囲が安心して入院できるような環境を整えるということがまかり通っていました。

私がその精神科病棟に勤めて最初に思ったのは、精神医学は囲い込みの「囲学」であって、福祉は服従の「服」、精神看護というのは管理の「管」だということです。この三つの要素が、この精神医療という構造を下支えしているという問題意識を持つに至ったわけですね。

日高管内の最初のソーシャルワーカーとして私が感じた、囲い込んで、管理して、服従させるというこの構造に問題意識を持った私は、ちょうど一年目に看護部から看護師向けに「ソーシャルワーカーの役割について話してほしい」と頼まれて話をする機会を得た時に、生意気にもこの三つの構造の話しをしたような気がします。

もし私がこの精神科病棟の患者だったら、回復する自信がない。私だったら、この治療の中に最も乗らないというか、乗り切れない、言うことを聞かない患者さんになる自信があったわけですね。

例えば病棟のすぐ隣に今も生協があるんですけども、生協に買い物に行くにも数日前に外出許可を出さないといけない。その日に急に外出するというのは非常に難しい。それをかいくぐって入院患者さん達はみんなこっそりと買い物に行く。そうするとペナルティがあるという状況だった。そのことに私は問題意識をすごく感じたわけです。もちろんそういう構造の中でもスタッフたちも一生懸命やっていた。非常にアットホームな病棟だったと思います。特に看護スタッフ達はですね。当時精神科病棟というのは治療から、家族関係の調整から、社会復帰から就労支援まで全部病棟がやっていた。今でいう総合支援法も何もない時代だったわけですが、地域精神医療の展開をめざして、実に先進的なアプローチを本当によくやっていたと思います。

ちょっと佐々木さんにちょっとお話を伺ってみたいと思うんですけども、佐々木さんは病棟に入院しながら作業療法という名の地域の事業所に通ってましたね。

佐々木 そうですね。入院しながらパン屋さんに通っていました。

向谷地 通ってましたよね。それからあと板金屋さんもありましたね。

佐々木 ああ板金。車の板金塗装ですね。

向谷地 だから私は今思えば、入院中の患者さんが地域の事業所に通って仕事ができるっていうシステムは、ある意味ではすごいなって思いますね。今では制度的に難しいんですけど、当時はそれが可能だったということで、それを先駆的だなと思っているんですけど。その中で佐々木さんは病棟から弁当を持って行ってましたよね。当時の病棟で何か思い出はありますか?

佐々木 そうですね。働きに行って、パンを帰りにもらってくるのが楽しみで行ってましたね。あと弁当を食べるのを楽しみで。

向谷地 そういう意味では病院には寝るために戻ってくるような生活でしたね。

佐々木 そうですね、はい。

向谷地 日中は外で働いて、夜は病院に寝るために戻ってくる。いわゆるナイトホスピタルをやっていたわけですね。それも私は今でもむしろやってもいいんじゃないかっていうぐらいのシステムだったですね。

病院という場の中での回復ではなくて、むしろ地域の中での回復を。当時浦河では精神科の先生方も仲間づくりに一生懸命でしたよね。回復者クラブに一生懸命だったと思います。

これは一九七九年ですから、佐々木さん達と一緒に隣町のキャンプ場で、交流活動をした時のスライドですね。この真ん中にいるいつもと同じジャンパーを着ているのが私ですね。懐かしいですけどもこんな形で活動をしていました。

浦河は依存症の人たちがとても多いものですから、依存症の経験した人達とそして統合失調症を経験した人たちと、それから浦河は先住民であるアイヌの人たちが町民の三割ぐらいいらっしゃると言われているんですけども、このアイヌの人たちが何世代にもわたって依存症と貧困の連鎖を繰り返していましたので、親が依存症を抱える家庭の中で育っている子供たちと子供会活動をはじめまして、「ノンノ学校」という土曜学校をやっていました。

若者たちの交流活動（1979年アポイ岳キャンプ）

ですから浦河というのはこの統合失調症とか精神疾患を持つ若者たちと、依存症を抱える人たちと、そしてそこにはもう一つ先住民のアイヌの人たちの抱える負わされた苦労という、この大きな三つの苦労をテーマに私たちの活動がはじまったわけですね。

それを考える時に重要だったのは、学生時代にさまざまな当事者活動、運動に関わる中で、言われたことがない「当事者と距離を取る」という現場の発想でした。これは、メンタルヘルスの歴史、現状を考える上で、とても大切なキーワードだと感じました。特に、「住んで居る場所、電話番号を知られないように」ということころある人たちの助言から、この世界が抱えている根源的な課題を感じ、私はあえて、住所、電話番号を入れた名刺をつくって配りました。

そればかりではありません。このテーマをどうやって担っていくかという試行錯誤の中で、私は一九七九年に浦河の町内の一角にある古い教会堂を借りて、回復者クラブのメンバー有志と一緒に暮らしはじめました。思いとしては、ソーシャルワークの一つの歴史の最初のスタートが、英国の産業革命の時代にロンドンの東のエリアに広がるスラムの中に当時の若者たちが自ら入り込んで、その生活困難を抱える人たちと一緒に寝食を共にするなかで、この課題の意味を共に模索するところからはじまったと言われているわけですね。いわゆるセツラー（移住者）としての実践スタイルは、私が学生時代に学んだ基本的なソーシャルワーカーのイメージなわけです。私はこの先輩たちの基本スタイルを自分で試してみたいと思い精神科に入退院を繰り返す経験をしていた回復者クラブの若者たちに一緒に住みませんかと声をかけてはじまったわけですね。特別何をするわけでもないんですけども、一緒に暮らし、同じ屋根の下で交わるということをしていたわけですね。そこに佐々木さんも一緒にいたということですね。佐々木さん何か思い出ありますか？

佐々木　そうですね。風呂に行くのを節約して、早坂潔さんと雨の中で風呂代わりに体を洗って、そんなのがなんか懐かしく思い出されますね。

向谷地　そうですね。いま早坂潔さんの名前が出ましたけど、この活動をはじめたときに私たちは自分たちで何か仕事を起こしたいと。仕事の現場でさまざまな行き詰まりや病気になったりという経験をした佐々木さんをはじめ、みんなと何か自分たちなりに働きやすい場がつくれないか、それをはじめたのが一九八三年だったんですけども、そこに私たちに与えられた一人のメンバーが早坂潔さんだったんです。潔さんお待たせしました。

早坂　思い出すことがいっぱいあって、僕は中学生（一九七〇年）の時に最初の浦河日赤第七病棟に入りました。その時、佐々木さんも入院していて僕を見たっていうのが、昭和四五年だから、ちょうど去年ぐらいで病気をして五〇年になりました。

向谷地　そっか。中学生の頃に入院したての佐々木さんと潔さんは会ってるんだ。

向谷地　その時の思い出をちょっと。

佐々木　そうですね。院内の七階にあった喫茶店の階段を下りてくるのを見て、あーあれが早坂潔さんだなってうすうす覚えています。それからもう五〇年近くのつき合いで、同じ釜の飯を食ってきたんで。

早坂　ハハハ。大変、佐々木さんにはお世話になって。

佐々木　お互いに喧嘩もひとつしないで喋ってきました。

向谷地　五〇年前。まだ潔さんが中学生の頃。

早坂　一五歳ぐらい。病棟に入った時に、部屋に入ったら鉄格子があって、中学生の時にもう人生終わりだなって。絶望って言うか、人生終わりだなって思ったんですよね。

向谷地　なかなか中学生で精神科に入院する人ってそんなに多くないからね。

早坂　結局ね、眠れなくなってね。見えないものが見えたり、イカの足が走ったり、それから赤いものが見えたり、警察っていうのがもうピンと来ておかしくなっちゃってね。

向谷地　潔さんって、なんかあると具合悪くなった時は警察とか、おっかないおっかないっていう状態になるよね。

1983年11月、日高昆布の下請け開始、中央が早坂潔さん
左下が井上仁さん、右端が向谷地生良さん

早坂　最初見たときは向谷地さんおっかなかったもん。

向谷地　ハハハ。

早坂　おっかないから大声を出したり、手をあげたりするんじゃないかなと今は思うんだけどね。

向谷地　その潔さんと金儲けしないかっていう、そのひと声で、潔さんも金儲けしたいっていうことで私たちはこの活動をはじめるんですけども。この写真はまだ下請け時代ですね。

早坂　三分しかもたない、煙草ばっかり吸ってる時代ですね。

向谷地　あだ名が「ウルトラマン」という。三分経つと「シュワッ」と飛んでどこかにいなくなってしまうと。

早坂　僕もね、浦河赤十字病院第七病棟の思い出はいっぱいあるんですよね。役場の隣に消防署があるでしょ。あそこね、あれを建てるとき、当時いた仲間と二人で作業に行ったんですよね。カゲヤマ建設。まあ話を戻して、べてるに来たのが一九八三年四月九日。今のべてるの家に。そして宮島美智子さんが「潔さんもできる仕事をしよう」と言って、はじめたのが昆布の下請けだったんですよね。

その時は僕は朝九時から三時ぐらいまでやるんですけど、あと五分ぐらいしたら休憩するから、そしたら好きなタバコでも吸った方がいいよって言われたんだけど。もたなくてもたなくて、そういうことがありました。

この時ちょうど向谷地さんが朝九時頃に、赤いジャンパー着て、来てました。べてるは、そんなこんなではじまりました。

向谷地　佐々木さんがこの精神科病棟に入院して五〇年。そして、その五〇年前に、当時中学三年生の潔さんと出会って。この二人が、二人三脚でこのべてるを作ってきたわけですね。そういう意味では非常に感慨深いものがあります。

当事者研究の始まり

さて、べてるは二〇〇一年に、一人の爆発が止まらない青年との出会いから「当事者研究」（最初は自己研究と言っていた）をはじめるわけですが、いま思うと、やはり私は、先ほどの話でも紹介しました大学時代の恩師、松井二郎先生（ソーシャルワーク論の研究者）との出会いが非常に大きいんですね。大学を卒業してから精神医療の現場に出て四三年間、その臨床の土台は大学時代に学んだものの上に成り立っている、そんな気がします。いろんなことの壁にぶつかるたびに、先生からこれ読んだらいいよって示された本によってですね、私のいわゆる思想や信条、また実践スタイルの大事なひとつの価値の部分が支えられてきた。そういう意味では揺れまくっていた大学時代って懐かしいだけじゃなくて、とても大切な時期だったという気がしています。

松井先生から紹介された本にパウル・ティリッヒ（アメリカの神学者・思想家）があります。『存在への勇気』という非常に難解な本でしたけれども、そこから私が得たものは、ティリッヒの「人生曲線」だったんですね。「死」とは、将来の可能性ではなくて、今を生きる高さから、私たちは毎日、死ぬという低さに向かって降りている、という考え方を教えられるわけですね。ここから私の中で「降りていく生き方」というキーワードが与えられ、新さっぽろで地域ＦＭのパーソナリティをしているんですが、番組の名前が「降りていくラジオ」です。このキーワードをそのまま使った武田鉄矢さん主演の映画もできました。ズバリ「降りてゆく生き方」でした。

学生時代、札幌の特別養護老人ホームで夜間介護人として働いていたとき、一緒に同じ屋根の下で暮らしていた方たちが、一人、また一人と亡くなっていくんですね。その方たちを霊安室に運ぶのも私の役割だったんですけども、そういう現実の中で、その苦しさをまた先生にこぼすと、先生からＶ・フランクルの本を示されるわけです。名著と呼ばれる『夜と霧』（みすず書房）からはじまり、全集を買い込み読み漁りました。二年生の教養でフロイトを学んだのですが、フロイト的な過去の経験に支配される人間ではなく、そこから自由になる可能性を私たちは持っている、つまり、過ぎ去ったものに誰も手出しはできないが、保存された過去から我々は学び未来に対する態度決定をすることができる。そういう「経験」というものの可能性を私は示唆されたような気がするんですね。それがあとに「経験は宝」という当事者研究の理念につながっていると私は思っています。

本当に学生時代に私が学んだもの、それがさまざまな現実と反応を起こすことによって、新しいひとつの意味を持った経験を創造していくきっかけになったなという気がしています。スライドにある、このフランクルの「ホモ・パティエンス」の考え方もそうですね。まさに人間は「苦悩する存在」であるということですね。この「苦悩」を人間存在の根本的なものとして捉えた。この発想を目にした時に私は当事者研究で言う「苦労」というひとつのキーワードが降りてきた。そういう意味では当事者研究は「苦労の哲学」と言われることもあるわけですけども、このような形で多くの若い時期の学びが、そのあとの実践とさまざまな私たちの領域の先輩達、先達たちの為した業績がつながって、立ち上がっていくという経験をしたわけですね。

次に、先ほども触れた「セツルメント」について、話したいと思います。時は一九世紀の英国の産業革命の時代ですが、当時は経済的にも恵まれた、クリスチャンの知識階級の人たちや学生たちがロンドンの東側に広がるスラムの中に飛び込んでいき（移住者＝セツラー）、貧困に喘ぐ市民を救済するために活動をはじめるわけですが、私は、昔ながらの貧困が広がる浦河の現状を垣間見た時に、ソーシャルワークの源流である「トインビーホール」のあるイーストエンド地区のことを想像して、浦河でもぜひ試してみたいと思ったわけですね。

それは先ほど話した、「囲い」込んで、「管理」して、「服従」を強いる構造をただ評論家的に批判するのではなくして、同じ屋根の下で暮らすっていうことを自分の日常とした時に、実はその場の中にも、小さな、「囲い込んで、管理して、服従させる」構造がやっぱりできてしまうことを実感したわけですよね。お薬を飲まなくなってビール瓶手榴弾だといって「戦闘開始！」と叫んで道路に投げ入れたり、近所とも数々のトラブルを起こしてしまうわけです。最終的にはおまわりさんの力を借りて、半分強制的にでも病院に連れていく。そんなような場面を何回も経験する中で、この囲い込んで、管理して、服従させるって構造は自分の中に、この場の中にあるのだっていうことを実感したんですね。それは私自身が当事者になるという経験でした。

地域の安全・家族の負担の軽減

「措置入院費に対する国庫負担率の引き上げ等により、自身を傷つけ、措置入院（強制入院）させることによって、また、他人に害を及ぼすおそれのある精神障害者は、出来るだけ社会不安を積極的に除去する事を意図したものである」➡長期入院を合法化するために「経済措置」と言う名の強制入院が行われた。（入院費の公費負担）

1961年精神衛生法一部改正・厚生省施行通達

精神医学＝“囲”学（「囲い込み」の医学）
社会福祉＝“服”祉（「服従」の福祉）
精神看護＝“管”護（「管理」の看護）

四年前に研究プロジェクトを主宰する東京大学の先生方と英国のマンチェスター大学を訪問して、向こうの研究者と交流する機会を得た時に、私は初めて行くロンドンに立ち寄り、念願だったこのセツルメント活動がはじまったトインビーホールにぜひ行ってみたいと思い、イーストエンドに行ってきましたが、トインビーホールを前にした時に、私は本当に不思議な感慨を覚えました。

「苦労」の中に一緒に飛び込んでいく

私は浦河で医療の場の中に身を置きながらですね、眠れないといえばお薬を飲ませたり、不安だって言うとまたお薬でそれを軽減させたりっていう。そんな、誰しもがある不安や生きづらさを、医療の中に放り込んでしまうんじゃなくて、もっとリアルな私たちの暮らしの一部としてちゃんと取り戻していくために、何ができるだろうと考えた時に、私の中に「商売」をするってアイデアが浮かんだんですね。実は、私の名付け親の叔父さんがお店を経営していたのと、その叔父さんが統合失調症を持っていたことも不思議な縁を感じます。

そのきっかけになったのが先ほどお話ししてくれた潔さんです。本当に信じられないぐらい、ちょっと負荷がかるとすぐ眠れなくなって、入退院を繰り返す、ちゃぶ台返しをするこの潔さん。二重三重の保護的・管理的な配慮の中でしか生きられないというふうに言われるようになっていたこの潔さんがですね、いちばん元気になったのは「潔さん金儲けしないか?」。「やりたい」って言う。非常に単純明快な、やり取りの中から潔さんと一緒に日高昆布の起業することになったんです。

「何で商売なの?」ということを聞かれた時に私たちはこう言ったわけですね。「商売する」「働く」ということはこの町の人たちがいちばん苦労してることだから、この町の人たちの「苦労」の中に一緒に飛び込んでいく。もちろんそんなたやすいことじゃない。そこには「苦労」がある。そしたら常に「苦労」している町の人たちと、「苦労」している自分たちが一緒に相談したり助け合ったりすれば、そういう形で地域の中に共に生きるっていう現実を作って行けるのではないか、そういうふうに私たちは考えたわけですね。それがべてる流の起業だったわけです。

それは、地域の抱える「苦労」への参画ということです。「社会復帰」っていう切り口からでなくて「社会進出」の発想でチャレンジする。そして、大切な自分の体験を社会に情報発信する。むしろこの困難な現実を生き抜いてきた人たちの経験に学ぶ社会に変わることをめざして、〝これから病や障害をかかえる可能性〟のある人たち、もしくは、すでに抱え込んでいる人たちに、非常に意味ある経験として発信していくという発想をしたわけですね。その中ではとてもユニークで不思議な世界、いわゆる病理的で無意味な現実と思われてきた人たちの世界を受け入れていく。この人たちが生きている世界をあるものとして、共に生きることを模索するっていう発想にも繋がっていくわけです。

そこで私たちは大切な発見もするわけですね。私達が機嫌良くなると、幻聴さんも機嫌が良くなる。私たちが仲良くなると、この幻覚も私達に対して親和的なものになるということが徐々に分かってきたんです。ならばこの「見える」「聞こえる」っていう経験そのものをなくするっていう以上に、私たちは自分たちの暮らしや関係を変えることで、共に生きられる可能性が出てくるのではないかっていう気づきをしていくことができるようになったんですね。

写真はべてるで働くメンバーとスタッフですけが、自分の考えが漏れているっていうような気がして人の中に入っ

ていけない。「手を洗ってくださいね」って言われると、それが「家に帰れって」言われたよう感じる。笑っている顔が、怒っている顔に見える。朝起きたら首が取れた感覚に陥って救急外来を受診する。家に透明人間がいて気が気でない。全人類からバッシングされているような圧迫感にいつもさらされている。こういう現実を日常として生きている人たちが、これを悪しき経験として封じ込めて生きてきたのが、恐る恐るでもそれを目の前に、私はこんな今経験を持ってますっていうことを出しあった時に、それが私たちはお互いの配慮や助け合いにつながるって事を経験するようになっていったんですね。そこから生まれた理念が「弱さの情報公開」です。

弱さを語る

「弱さの情報公開」というのは、個人情報保護やプライバシー保護が強化されて、これも大切なことですけれども、一方ではこのような大切な経験を生きてた人の存在と、有用な生活知を封印し、二重三重に「自分を語らない」ことを強いて拡大していくわけです。それに危機感を感じた私たちは個人情報保護に対抗をするような形で、あえて「弱さの情報公開」という形で、この大切な経験を世に発信することにチャレンジしました。

当時、精神疾患の体験は、もっとも秘匿すべき情報で、それが公になるということは、今後の人生に多大なリスクを背負うことを意味したわけですし、マスコミにおいても「天皇」「部落問題」「精神障害」は、特にデリケートなテーマとして、扱う際には、慎重を要する領域として扱われていたような気がします。しかし、私たちは逆に「弱さの情報公開」に自信があったんですね。「病理」としてそれを見なすならば、現実に病気を抱え、たくさんの苦労を余儀なくされて、社会的な不利に直面せざるを得ないわけです。しかし、これは、私たちの実感なのですが、この経験を意味のある大切な人生経験として共有して、生きるための知恵を出し合う。お互いに受け入れ合う。そのことによって生活の質の改善とつながりの回復を得られる可能性を私たちは発見するわけですね。

例えばスタンフォード大学のタニア・ラーマン教授（医療人類学者）が、二〇一四年に、統合失調症を持つ人たちの幻聴に関する非常に興味深い研究を発表[注1]しています。アフリカ人、インド人の幻聴は主に肯定的な内容であり、アメリカ人の幻聴は暴力的で憎しみに満ちたものが多いという研究結果だったと思います。この差は、ローカルカルチャーの影響を受けているということを、このラーマンはそこで明らかにしたんですね。これは私たちの実感と非常に重なるものだったんです。そしてこのラーマンはこの研究の締めくくりとして、環境と幻聴との関係性に着目した「特別な治療法」の提案をしています。それは、環境の影響を受けやすい幻聴の特徴を活かし、いわゆる多くの「良性の声」が、より良い経過及び結果に貢献する可能性を示唆しているわけですね。私

注1　The British Journal of Psychiatry 2014

がこれを読んだ時に、まさにこれは「当事者研究」で私たちが自薦してきた経験と重なり合うもので、非常に興味深いですね。

また、二〇一〇年に名古屋で行われた認知療法学会に、英国の統合失調症者への認知行動療法の世界的な権威のデイヴィッド・キングドン先生をお呼びして基調講演をいただき、一緒にシンポジウムに参加したことがあります。キングドン先生が書かれた統合失調症を持つ人を対象とした認知行動療法に関しては、原田誠一先生が翻訳されて本が何冊か出ていますので、ぜひ読んでいただきたいと思うんですが、日本では認知行動療法と言うと、いわゆるうつの人がほとんどで、それ以外の特に統合失調症を持つ人への適用はほとんどない、現場では想像もつかないと思うのですが、英国では積極的にそれが実践されているわけですね。

その方面の臨床で有名なマンチェスター大学にお邪魔し、研究者と交流した時に、英国の統合失調症をもつ人への認知行動療法の発想は、当事者研究との親和性が非常に高く、私たちがこの統合失調症を持つ人たちと一緒に研究するという発想、「何が聞こえるの?」「幻聴さんどんな感じ?」とか、その体験を軸に、さまざまな環境やそれぞれが歩んできた人生、生きている場面と突き合わせながら研究する中から、だんだん幻聴さんの性格が変わってくるという実感は、このキングドン先生たちの臨床経験とも非常に重なり合うものが多いわけですね。しかも、イギリスの心理学会が出した統合失調症の人への治療のガイドラインを見ますと、治療の第一選択はすでに薬じゃなくて、「お薬を飲みますか?それとも非薬物療法にしますか?」と患者自身が選択をするようになっていて非薬物療法であれば認知行動療法なんですね。これは、薬物療法を否定しているわけではないんです。そういう意味ではお薬に対する使い方って非常に謙虚なんですね。ですから、最初はイベントの余興としてはじまった当事者研究が、さまざまな可能性を持ってるという実感を持つに至ったわけですね。

それは、何よりも、実際そういう病気を経験した人たちが、自分を表現していいんだ、自分が見ている感じている世界を人に話したり共有しても、そのことで排除されたり、そのことで自分が突然入院させられたりとか、

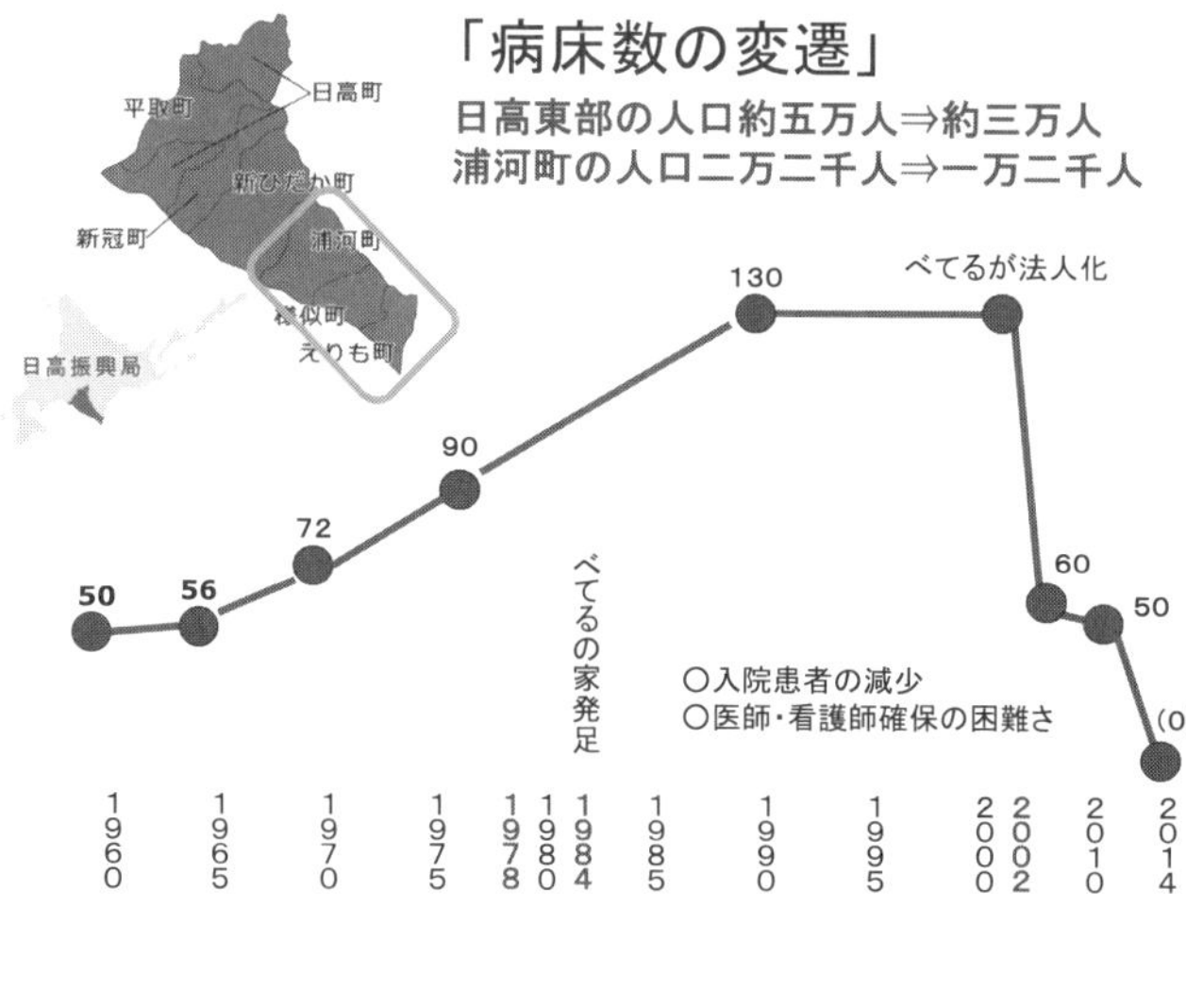

生活を損なわれないのだって言う安心感の中で暮らし始める。するとですね、メンバーさん達はだんだん入院する必要がなくなるんですね。スタッフも、その場で本人と試行錯誤をしながら対応を模索するようになって、医療に丸投げしなくなるわけです。今までは、町の人口はどんどん減っている（二万二千人↓一万一千人）にも関わらず、病院では精神科のベッド数だけは増えていくわけです。隣町にも精神科の病院がありますから、日高管内の人口比から言ったら過剰な精神科病床数だったわけですね。ですが地域でこういう活動を続けていると、どんどん患者さんは入院しなくなる。ですから病院は経営上ベッドを削減せざるを得ない。一三〇床から六〇床にしてもまだベッドが埋まらなくなって病棟の維持ができなくなって、二〇一四年に精神科病棟を休棟（二〇二〇年に閉棟）することになって、地域で支える形に移行したわけですね。ですから、浦河は二〇〇二年から一〇年あまりをかけて地域を中心とした治療と生活支援体制に移行したことになります。

これは非常に象徴的なでき事ですね。そして精神科で働いていたスタッフたちが地域にどんどん出て行って地域の活動拠点で働いている。ですからひがし町診療所も、べてるも元日赤の職員、元精神科病棟で働いていた人たちが地域でメンバーたちの生活を支えるという構図になっています。

研究対話の三角形

話は戻りますが「統合失調症を持つということはどういうことですか?」って一人のメンバーさんに聞きましたら、「五感が幻になる経験」っていうふうに言った人がいます。この五感が幻になるという現実を生きなければいけない人たちが陥る「つながりの欠如感」を補う「人とのつながり」を取り戻す手立てが、「研究する」という発想と研究的対話実践のプロセスの中にあるのではないか、と考えるようになりました。いわゆる従来の「モノローグ」的なコミュニケーションではなく、大切なのは対話的関係の中に立ち上がる「三角形」が大切なのだということです。「並立的な傾聴」とも私はとりあえず言っているんですけども、これは「ともに弱くなる」ことを志向することでもあります。これは、専門家だから答えを持ってるわけではない、お互いに今何が起きてるかについては、謙虚に互いに共同して探索するというプロセスを意味します。

この三角形が成立し、コツコツと対話を重ねていくと、「五感の幻」状態に変化が現れて自分の立ち位置、考え方、状況の見え方が変わってくる、それはまるで砂漠に泉が湧くようにですね、人のつながりや〝気ごころが通じる感覚〟が蘇ってくる、そういう経験を私達はしてきました。私は、この実感を説明する先行研究、先行実践を探してみたのですがやはりありました。一つは、神田橋條治の「対話精神療法」です。(「精神療法面接

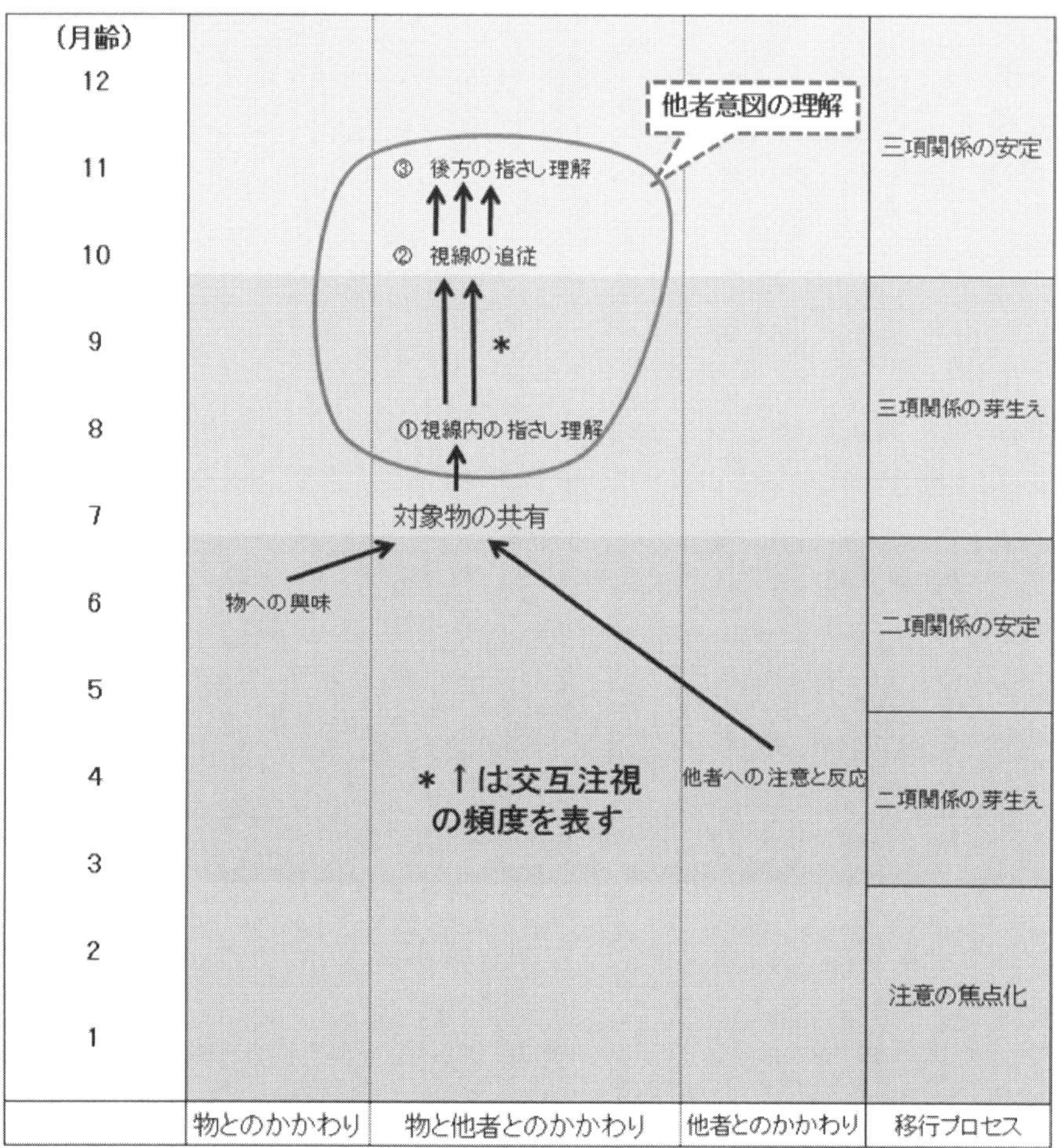

共同注意関連行動における二項関係から三項関係への移行モデル
島根大学教育学部「教育臨床総合研究14　2015 研究」

のコツ」(岩崎学術出版一九九〇、二三七)この中で神田橋は「嗜癖(しへき)治療の要点は二等辺三角形の関係をつくることである。治療者と患者が近接した位置に座って、一緒に、患者の真の苦痛を眺め・語ることである。治療者の伴侶なしでの直面は新たな嗜癖行動、たとえば、自他への暴力嗜癖や苦痛嗜癖を生む」と語っています。

もう一つは「三項関係」の概念です。調べてみると赤ちゃんは生まれた時には母さんとの「二項関係」のコミュニケーションで生きているわけですが、ちょうど九ヶ月ぐらいから周りにあるいろいろな物に目がいくようになる。それが「三項関係」のはじまりと言われています。この「三項関係」は、対話を考える上で大事なポイントだと私は考えています。これは島根大学の「乳児の共同注意関連行動の発達」(島根大学「教育臨床総合研究」島根大学教育学部附属教育臨床総合研究センター一四、九九—一〇九、二〇一五)に関する研究がわかりやすいと思います。それは乳児と大人との関係において「二項関係から三項関係への移行の鍵となる行動は,『対象物の共有』であった」という研究結果です。私は統合失調症を持つ人たちは、人がこの二項関係から三項関係へと移行する中で認識の構造がち密になり、多角的に状況を把握できるようになるのに対して、何らかの理由で、その移行が十分に行われない状態に留まっているのではないか、対話実践は、遅まきながら、それを促進する機能を持っているのではと考えています。病識の問題もそこに関わってくるという仮説も成り立ちます。

対話

そういう意味では、従来の相談援助の中においても、私たちはこうした「対話」を意識した相談援助の関係の中にたくさんの三角形(三項関係)を作っていくというのがひとつの場の作り方の大切なポイントになってくるんじゃないかと思っています。これはまだまだ私のアイデアの段階ですけれども、こういうことも今後、研究して行けたらいいと思っています。

当事者研究を考える上でのもうひとつの手がかりは、東日本大震災があった時に、その救援活動の拠点になった仙台メディアテークにお邪魔した時に、館長に就任されていた哲学者の鷲田清一氏のエッセイが掲示されていたんですね。そこには、対立や軋みは対話が始まってる大切な印である、ということが書かれていました。そういう意味では私たちは、さまざまなつながりを喪失し、または孤立し、非常に困難を持っている人たちと向き合うことが多いわけですけども、しかもその最初の出会いは必ずしも友好的な出会いではなくして、対立したり、ぶつかり合ったり、私たちも負担を感じるような出会いであることが多いわけです。鷲田氏のメッセージを読むと、むしろそのことを喜んで引き受けていかなければならないという確かな手掛かりを与えられるわけですね。まさにこの対話の可能性にこそ、当事者研究という一つの対話実践の魂が記されているような気がしています。

対話の可能性

人と人のあいだには、性と性のあいだには、人と人以外の生き物のあいだには、どれほど声を、身ぶりを尽くしても、伝わらないことがある。思いは違うことが伝わってしまうこともある。

対話は、そのように共通の足場を持たない者のあいだで、互いに分かりあおうとして試みられる。その時理解しあえるはずだという前提に立てば、理解しえずに終わったとき、「ともにいられる」場所は閉じられる。けれども、理解し得なくてもあたり前だという前提に立てば、「ともにいられる」場所はもう少し開かれる。

対話は、他人と同じ考え、同じ気もちになるために試みられるのではない。語りあえば語りあうほど他人と自分の違いがより繊細に分かるようになること、それが対話だ。「わかりあえない」「伝わらない」という戸惑いや痛みから出発すること、それは、不可解なものに身を開くことなのだ。（略）

「鷲田清一　せんだいメディアパーク　パンフレット」より

忘れられないのは、岩手と千葉の医療観察病棟（精神疾患の影響で重大な事件を起こしてしまった人の司法病棟）に定期的に足を運んで、日本でもっとも恵まれた治療環境にありながらも症状が好転しない治療困難事例の統合失調症者を対象に病院のスタッフと一緒に研究ミーティングを試みてきました。それ以外の一般の精神科病院でも、治療にもっとも行き詰まりを感じている患者さんを一人紹介していただき、スタッフのみなさんと研究ミーティングを重ねています。その結果は、すべての治療の行き詰まりにあった方の症状が好転し、退院に結び付いた人もいます。

その中のお一人の統合失調症を持つAさんを紹介します。いわゆる「治療抵抗性統合失調症」と診断されている方で、学生時代からずっと二〇数年入院をしていて、ここ数年、病室から出てこない状態が続いていました。縁あって支援プログラムに関わることができてAさんのお部屋にスタッフの方とお邪魔すると、法学部出身だけあって安全保障問題から政治情勢まで、機関銃のように話題が口から出てくるんですね。例えば病棟の看護師長さん今度は知事になるとか、自分は自民党の政調会長になるとかそんな話を延々とするわけですね。その話に関心を持てないスタッフは、〝またはじまった〟みたいな感じで、スルーするわけです。私はそこに食いついていくんですね。このいわゆる「妄想バリアをすり抜けて会いに来る人」の存在が大切になってくるわけです。長年の経験から、そのような世界を生きる人たちが生きる世界にお邪魔して、その妄想バリアの向こう側にいるメンバーさんと話しをするんです。

そうしてわかったことは、その方の後ろには「神様」がいて、そのテレパシーをいつも感じていること、テレパシーをキャッチする受信機がお腹付近に付いていること。神様からのテレパシーで送られてくる命令の内容が、何と一四種類あって、その中に、「新聞を読むな」「テレビを見るな」なんと「部屋から出るな」っていうテレパシーもあるんですね。ちゃんと神様のテレパシーを守ってるんですね。しかも、スタッフの声でも「一生病院居ろ！」という声が聞こえてくる。私はそれを聞いて言いました。「神様もいろいろいるけどあなたのその神様ひどいじゃないですか、その神様に苦情を申し立てたい」っていうふうに言いましたら、「Aさんはそれはやめてくれ」という事で、私は「ぜひ神様に嘆願書を出しませんか」とスタッフの人に言ったら、看護師さんはそれはいいねって言ってくれて、看護師さん達は見事な嘆願書を作ってくれました。それで署名欄まで作ってくれて、スタッフの方たちや入院患者さんの一部の方たちも含めて四〇人以上の人が署名してくれて、Aさんにそれを見せたんです。これを絶対神様に届けようねって言ったらものすごく喜んでくれました。

すると、不思議なことに、あっという間に縛りが一四から五つにまで減りました。私は五つの縛りの中身がちょっと気になりまして、「残りの縛りは何なんですか？」「ひとつだけでもいいから教えてください」って言ったら、「あんまり看護師さんの胸を見るな」なんて声がちゃんとあると言って大笑いしたことがあります。Aさんは、いまは部屋から出て、さまざまな心理教育プログラムに出るようになりました。そして、最近では退院したいというようなことを言うようになったということですね。

これはたまたま偶然かもしれません。エビデンスは何かと指摘されたらこれは分からないことだらけです。ですが私は何かこう考えています。誰にも理解されていない感覚のなかで、いわゆる気心が通じ合う実感が人をt整え、励ますということですね。それを可能にするのが、対話実践だと思っています。

観察病棟でも、同様に治療抵抗性統合失調症の患者さん、仮にBさんということにしますが、普通は長くても一年半で退院するわけですが、妄想的な世界の中に留まり、いろいろとトラブルも続いていました。そのBさんと当事者研究のスタイルで対話実践を試みたわけですが、すると徐々にその人の頑固な妄想がほどけて、妄想というひとつの世界から抜け出して、退院までこぎつけることができました。その経験をもとに、スタッフがまとめてくれたのが「花巻の原則」です。

私たちはこれをもっと分かりやすい形ですね一般化して、より使いやすいように、もっと整理していきたいと思っています。

「臨床における当事者研究の原則」（花巻の原則）		
<原　則>	<臨床における態度>	備　　考
1. "非"評価的/"非"援助的態度	スタッフは本人の語りに対して内容が妄想的かどうか、何が問題か、などの評価を伝えたり、否定したりしない。治療的・支援的態度を少なくする。	
2.外在化した態度ー人と問題（こと）を分ける	「問題（こと）」に対しては批判的でも、「人」に対しては常に共感的・肯定的な態度を大切にする	「内在化」と「再内在化」の視点
3. 積極的関心	あいまいな語りや本人の独特の言葉遣いに対しては、その人の生きる世界を理解するために、積極的な関心を示し、質問したり対話を重ねながら聴き、意味を解き明かしていく。	出来事
4.対話の三角形	どんな場面でも、経験や出来事（テーマ・問・課題）を自分たちの前に置き（三角形をつくる）研究的対話を重ねる。	
5.経験の見える化	内容の視覚化、データ化に努め、パソコンなどを見ながら本人と一緒に図式化したり、ホワイトボードに絵やグラフ、流れ図を描いたり、時にはアクションを交えながら研究的対話を深める。	
6.出会いの創造(仲間づくり)	研究をつうじて出会いがうまれて成果が共有され、地域のネットワークとつながることを意図する。	

当事者研究の可能性

振り返るとこの四三年に及ぶ実践を振り返りますと、ここまで来るのにさまざまな領域の当事者運動や私の出会った当事者や家族、地域の人たちのさまざまな経験、特に病院時代は延べで一年に約八千件の相談を日夜こなし、二五年で二〇万件を越える相談のデータベースが私の中に蓄積しています。一九九五年からは、実践経験と先行研究の知見を基にパワーポイントで検索可能な五千枚のデータベースをつくり現在も更新しています。この実践経験で大切なのは、専門家以上に、地域の人たちとの出会いの中で蓄積してきた知見です。特にべてるは、地域の企業の人たちに育てられてきました。特に昆布の産直を通して地元の加工場や業者の皆さんにいろいろ助けていただきました。その時にお世話になった一人の経営者から新潟市の博進堂という印刷会社と社長をされていた清水義晴さんを紹介され、その会社が「一人一研究」というＱＣ活動をしているということを知り、そこで「研究」というキーワードを手に入れました。一九九〇年のことです。ちょうど同じ頃、認知行動療法の一つであるＳＳＴ（社会生活トレーニング）が日本に紹介され、欧米の当事者主体で地域をベースにした新しい精神医療が取り入れられるようになります。北海道の過疎地域で実践する私たちは世界の潮流を見据えながらそれらを取り入れる中で、起業をし、自分たちの働き方の模索の中から当事者研究を創出（二〇〇一年）し、発展させてきました。

そしてそれが、多くの方々の関心を呼び、二〇一二年に東京大学先端研と総文研の研究者から共同研究のお誘いをいただくようになり、当事者研究は新しいひとつの学問的な可能性を模索することになりました。そのあと、二〇一五年に東大の先端研に新しい学問領域としての当事者研究領域が立ち上がり、研究所も開設され、私たちも頻繁にメンバーと共に東大に足を運び、海外の大学との研究交流も含めて、一緒に研究活動に参加する機会が増えました。これは、私たちも想像もしなかったことです。この流れは、イタリアや英国、フィンランドなどの世界の最先端の精神保健福祉活動の活動に触れる機会ともなり、それは精神疾患を経験した一人の市民が、自分の人生経験、生活経験に対してリサーチャーとして立ち上がり、研究者と協同する流れを日本に呼び込むきっかけともなりました。この動きは、静かに、かつ着実に日本の精神保健福祉の地殻変動となってさまざまな領域に広がっています。私はこのことが持つ可能性は決して小さくないと思っています。

この地殻変動は、大きな可能性を持っています。それは、それは従来なかなか乗り越えられなかった図にあるような信念対立を乗り越える可能性です。私も四三年間、メンタルヘルス領域の現場に身を置き、さまざまな理論や発想と出会い、そこから生まれたさまざまな療法やアプローチを学び、活用してきました。現場では、数年ごとに新たな理論の〝流行〟があり、時代に乗り遅れまいと多くの人たちが研修会に足を運びますが、いつの間にかその熱気は失せ、また新しい流行がやってきました。そして、主観が大事か客観が大事か、個別化が大事か、一般化が大事か、生活モデルだ、医学モデルだという議論が巻き起こり、その都度ソーシャルワークは右に行ったり、左に行ったり、あっちこっち行ったり、自分の実践基盤を確かにしようとして、私たちはさまよってきた気がします。

特に精神医療の分野におけるソーシャルワーク実践は、精神医療の動向にもっとも影響を受けやすく、なかなかその独自性や主体性を発揮しにくいという大変さがありました。特に私の駆け出しのころはすべてが「上申」に対する「医師の指示」によって業務が成り立ち、そのルールを犯すと即座に配置換えとなり、私の場合は五年間の「精神科出入り禁止」も経験しました。一方では、根本的な信念対立である「当事者主体」か「専門家

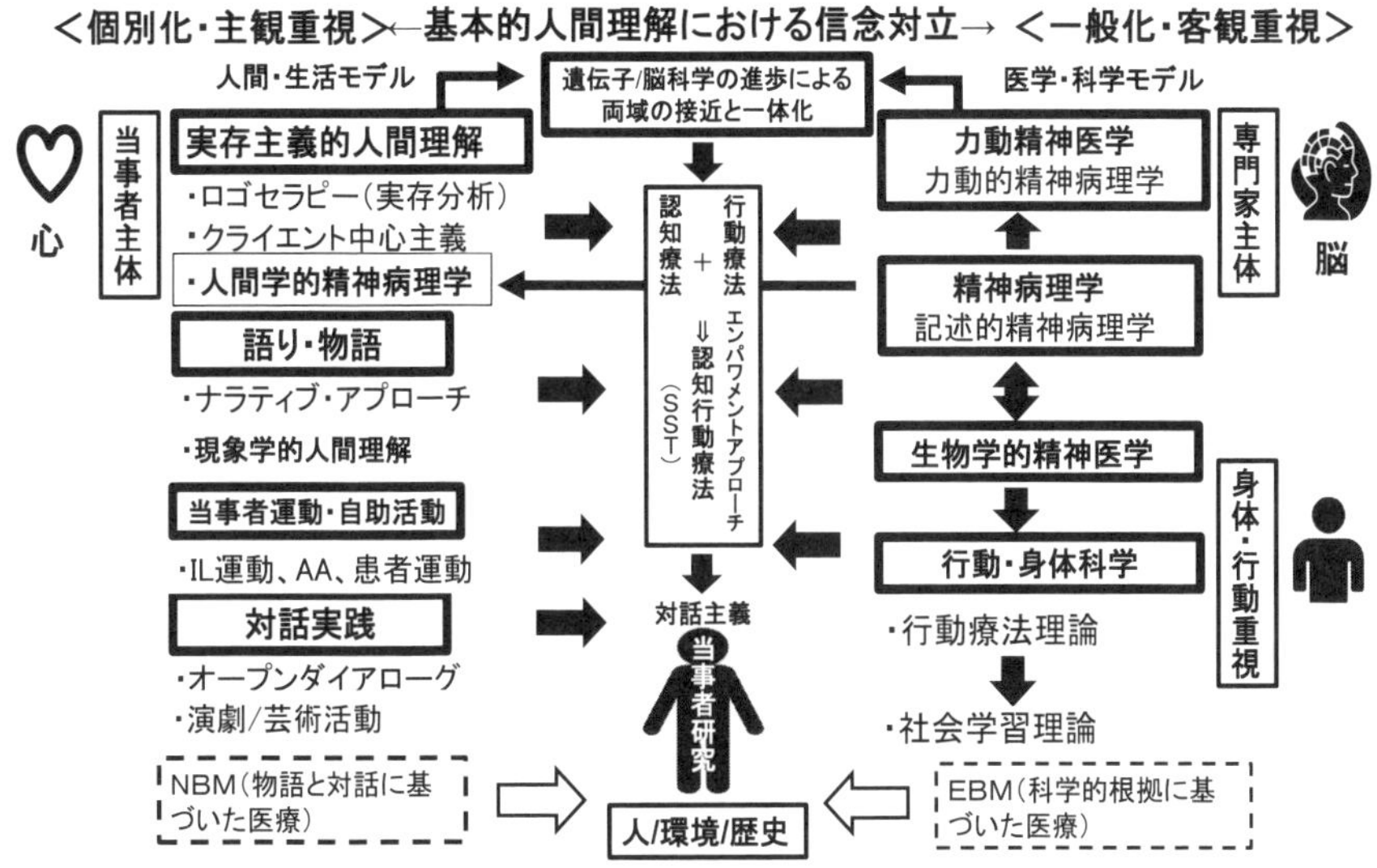

「精神医学における学問的対話の欠如」

非人間的な精神医学（木村）

生物学的精神医学

- 「脳」の病変を探索
- 薬物による治療効果を期待
- 量的研究
- 精神症状の数量化によるデータの集積
- エビデンスの重視

精神病理学

- 「こころ」や「精神」に着目
- 身体の切り離し
- 精神を意識・無意識・思考・感情・意志といった要素的機能に分解
- 観念の独り歩き

『生命のかたち/かたちの生命』
木村敏2005

主体」かという議論も平行線をたどり、私は忘れもしないんですが、今から四〇年以上も前ですが精神医学会に行くとヘルメットかぶった当事者が、マイクを片手に専門家批判をし、一昔前は爆竹を投げ込んだりとか闘争的な対立の時代もあったわけです。

そのような現状の変化には認知科学の進歩が深く関わっています。脳科学の進歩がもたらした認知科学の発展が、信念対立を解消する触媒のようになって当事者研究の持つ可能性を引き出したと思われるからです。そのわかりやすい例が一九七〇年代にはじまったベックの認知療法の登場です。ベックの認知療法の源流には、フランクルの実存的な思想と脳科学の成果の両方が流れています。そして、そこに行動科学が結びつくことによって認知行動療法が生まれ、その中からリバーマン等によってＳＳＴが開発され、私たちはそれに飛びつくわけです。そこに貫かれてるのは「共同的な経験主義」です。「共同」して物事を「発見」していくという、現象学のフッサールではないですけれども、「自分自身で、共に」という立ち位置を私たちは見出すわけですね。

もう一つの例は、一九七〇年代から八〇年代に盛んになった精神疾患は「心の病」か、「脳病」かという論争です。そして、日本では「脳病」という理解が主流となり、薬物療法中心の医療が蔓延し、気が付くと「多剤大量」という世界の先進国の投与量の五倍から一〇倍という残念な結果を生み出しました。しかし、当事者の立場で考えると、「こころ」と「脳」は、別々のことではなく一つの事として体験され、それは当事者が語り、発信することによってかけがえのない人生経験として、新しい意味と可能性を持つことになります。そして、そこにエンパワーメントの発想、リカバリーの発想が融合する時代の背景の中で当事者研究が誕生したことは決して偶然ではないと思っています。

精神病理学者の木村敏先生（一九三一年～二〇二一年）が書かれていることですが、精神医学における「学問的対話の欠如[注2]」というなかに、私はこの両者を結びつける架橋として当事者研究が少しは役に立つんじゃないかということを、先生と京都のお寺で対談（二〇〇九）をした時に実感しました。最後に、私がやはり忘れられないのは六年前にバングラデシュでＮＧＯとして障害を持つ人の海外支援に携わっている一人の日本人看護師からいただいたメールです。多くの精神障がい者が檻に入れられ、鎖でつながれている状況の相談でした。そのような統合失調症をもつ女性たちをなんとか救出する手立てがないだろうかと考えて、ヒントを得たいとバングラデシュで私の書いた本を読んでいるという相談でした。メールをいただき私はべてるのスタッフ、メンバーとアジア最貧国のバングラデシュへの「家庭訪問」を決行しました。

檻の中で家畜同然のように暮らす女性と鎖につながれている女の子の家に家庭訪問をしました。事前打ち合わせをして、現地の女性スタッフが訪問して服を着せて五年ぶりに檻から出ていただきました。しかし、シラミのために髪の毛はバリカンで丸坊主にせざるを得ませんでした。庭に出た彼女は何かに怒ってまして、私は挨拶した途端に回し蹴りとパンチをくらいました。でもですね、私は彼女に話しかけました。お母さんは出たらダメだと言っていましたが、私は気楽に、いいんじゃないですか出るのもいいですねって、この町を一緒に歩くことにしました。お母さんはそれだけはやめてくれ、早く檻に戻したいっていうふうに言って、お母さんはもうパニックでしたけども、私は一緒に彼女と塀の外へ出ました。そしたら彼女は目の前にあるリキシャに乗りたいって言いまし

注2　『生命のかたち／かたちの生命』二〇〇五年、青土社）

たけども。私はいいんじゃないですかって言って、一緒にリキシャ[注3]に乗ってですね、町を一緒に散策しました。

これはとても良い経験でした。この浦河での実践感覚がバングラデシュでそのままつかえたことの体験は大きかったですね。特に鎖につながれていた女の子は何かに恐怖していると思いました。そして、一緒に研究してみたいと思いました。次の日、地域の会館を借りて一緒に当事者研究をしました。彼女はかぼちゃのおばけに苦しんでいたことがわかりました。そのかぼちゃのおばけとの付き合い方をみんなと一緒に考えました。彼女はかぼちゃのおばけを描いてくれました。彼女にとって必要だったのはですね、一緒に苦労について対話できる仲間だったんですね。私たちはこれからもアジアの精神保健福祉の現状を変えるためにアクションを続けたいと思っています。

今後の課題

もう一つは、やはり去年の一一月（二〇二二年一〇月施行）に法案が成立した協同労働組合法、この市民が共に出資しながら地域の課題の解決の手段として労働を用いるっていう、このヨーロッパ型の労働そのものを、ソーシャルワーカーは関心を持って繋がらないといけないと思っています。組織改革と組織論に関しては企業の方がものすごく進んでいます。私は精神医療とか福祉の領域はもっと組織の在り方、働いている人たちの働きやすさについて、この企業の組織論研究にもっと学ばなければならないというふうに思ってます。これも今後の私の実践課題です。

注3　日本の人力車をもとに作られたもの。三輪タクシー。

それから対話の持つ可能性についての検討です。これは、量子力学とか非線形科学の領域の研究者が、対話の研究に取り組んで、面白い知見を出してくれるんですね。そういうのをもっともっと勉強したいと思ってます。

本当にこれが最後です。「いつでもどこでもいつまでも」の試みとして四三年間続けてきた、いつでもメンバーさんから電話がかかってきたら相談にのる、電話を取るというエクササイズをこれからも続けて行きたいと思っています。そして、いちばん苦労している人に関心を持つこと、それから私のトレードマークのデサント製の赤ジャンを着ること。

それからですね、ちょっと意外に思われるかもしれませんが、この私でも奥さんと家族を大事にする。これはですね不思議に幻聴さんのように降ってくるんですね。「家族を大事にしてるか」「奥さんを大事にしてるか」と、これ嘘じゃなくてですね、本当にね幻聴のように考えが降ってくるんですね。私が統合失調症だったら絶対幻聴になっていると思いますよ。これには助けられています。

では終わりに、これからソーシャルワークを目指す人たちに、またはこのケアの領域でお仕事をしている人たちに「ジェームズ・イエン」の言葉、「人々の中へ」のメッセージをお伝えして、締めとさせていただきたいと思います。

人々の中へ

人々の中へ行き人々と共に住み
人々を愛し人々から学びなさい

人々が知っていることから始め
人々が持っているものの上に築きなさい

しかし、本当にすぐれた指導者が仕事をしたときには
その仕事が完成したとき
人々はこう言うでしょう
「我々がこれをやったのだ」と

ジェームズ・イェン（一八九〇〜一九九九）色平哲郎訳

著者紹介（掲載順）

向谷地 生良

北海道医療大学名誉教授、社会福祉法人浦河べてるの家理事長。

主な著作に『増補改訂「べてるの家」から吹く風』二〇一八年、いのちのことば社。『新・安心して絶望できる人生「当事者研究」という世界』二〇一八年、一麦出版社。『技法以前―べてるの家のつくりかた』二〇〇九年医学書院。『弱さの研究』（共著）二〇二〇年、くんぷる。ほか。

吉田 知那美

女子カーリングロコソラーレ所属、平昌オリンピック銅メダリスト、北京オリンピック銀メダリスト。ネッツトヨタ北見勤務。

主な著作に『新・安心して絶望できる人生「当事者研究」という世界』（共著）二〇一八年、一麦出版社。ほか。

内田 梓

精神科病院、クリニック等に勤務の後、現在は、スクールソーシャルワーカー。「子ども・子育て当事者研究ネットワークゆるふわ」メンバー。企画制作「子ども当事者研究 わたしの心の街には おこるちゃんがいる」（コトノネ生活出版）

べてるの家から

早坂潔 NPO法人セルフサポートセンター浦河理事長・社会福祉法人浦河べてるの家副理事長。チャーミー、佐藤 太一、山根 耕平、鈴木 舞、木林 みえこ。

向谷地 宣明

メディアン株式会社 代表。
主な著書に「弱さの研究」（共著）二〇二〇年、くんぷる、「教育の未来をつくるスクールリーダーへ」（共著）二〇二〇年、教育開発研究所、ほか。

松本 俊彦

医師、国立精神・神経医療研究センター精神保健研究所依存症研究部長。
主な著作に『自分を傷つけずにはいられない—自傷から回復するためのヒント』二〇一五年、講談社。『誰がために医師はいる—クスリとヒトの現代論』二〇二一年、みすず書房。『世界一やさしい依存症入門：やめられないのは誰かのせい？（一四歳の世渡り術）』二〇二一年、河出書房新社。『依存症と人類—われわれはアルコール・薬物と共存できるのか』C・E・フィッシャー著、翻訳、二〇二三年、みすず書房。ほか。

繁田 雅弘

医師、東京慈恵会医科大学 精神医学講座主任教授、一般社団法人 栄樹庵 代表理事。「SHIGETA ハウスプロジェクト」代表。
主な著作に『認知症の精神療法—アルツハイマー型認知症の人との対話』二〇二〇年、HOUSE 出版。『一五一人の名医・介護プロが教える認知症大全』監修、二〇二三年、小学館。『認知症といわれたら 自分と家族が、いまできること』二〇二三年、講談社。『家族のための認知症ケア：ともに暮らすためにできること、知っておきたいことなど』（監修）、二〇二一年 NHK 出版。ほか。

内門 大丈

医師、メモリーケアクリニック湘南 院長。一般社団法人 栄樹庵 理事。
主な著作に『心のお医者さんに聞いてみよう 家族で「軽度の認知症」の進行を少しでも遅らせる本：正しい理解と向き合い方』二〇二二年、大和出版。『レビー小体型認知症 正しい基礎知識とケア』（監修）二〇二〇年、池田書店。『認知症の人を理解したいと

思ったとき読む本 正しい知識とやさしい寄り添い方（心のお医者さんに聞いてみよう）』二〇一八年、大和出版。『気持ちが楽になる認知症の家族との暮らし方など』（繁田雅弘氏との共著）二〇一八年、池田書店。ほか。

芦田彩

言語聴覚士、株式会社ツクイ。「SHIGETA ハウスプロジェクト」スタッフ。

東京都言語聴覚士会 理事。

最首悟

和光大学名誉教授、駿台予備学校論文科講師。

主な著作に『こんなときだから 希望は胸に高鳴ってくる ―あなたとわたし・わたしとあなたの関係への覚えがき』二〇一九年、くんぷる。『新・明日もまた今日のごとく』二〇一八年、くんぷる。『星子が居る―言葉なく語りかける重複障害の娘との二〇年』一九九八年、世織書房。『明日もまた今日のごとく』一九八八年、どうぶつ社。など

辻信一

明治学院大学名誉教授。文化人類学者。ナマケモノ倶楽部代表。

主な著作に。『自然農という生きかた』（川口由一＋辻信一）二〇二三年、ゆっくり堂。『ナマケモノ教授のムダのてつがく―「役に立つ」を超える生き方とは』二〇二三年、さくら社。『「あいだ」の思想：セパレーションからリレーションへ』二〇二一年、大月書店。『「雑」の思想：世界の複雑さを愛するために』（共著）二〇一八年、大月書店。など

弱さの情報公開──つなぐ──

発行日　二〇二三年一〇月一七日初版
著者　向谷地生良・吉田知那美
内田梓・向谷地宣明
松本俊彦・繁田雅弘
内門大丈・芦田彩
最首悟・辻信一
べてるの家
発行所　(有) くんぷる
印刷製本　モリモト印刷株式会社
定価　カバーに記載されています。
ISBN978-4-87551-200-4

本書へのお問い合わせなどは info@kumpul.co.jp へメールにて、または 042-725-6028 へ FAX でお願いします。